FEMINIST CITY

女性主义城市

Leslie Kern

[加] 莱斯莉·克恩 著

尹晓冬 译

上海人民出版社

图书在版编目(CIP)数据

女性主义城市/(加)莱斯莉·克恩(Leslie Kern)
著;尹晓冬译. —上海:上海人民出版社,2024
书名原文:Feminist City:A Field Guide
ISBN 978 - 7 - 208 - 18637 - 8

Ⅰ.①女… Ⅱ.①莱… ②尹… Ⅲ.①城市学 Ⅳ.
①C912.81

中国国家版本馆 CIP 数据核字(2023)第 217404 号

责任编辑 吴书勇
封面设计 李婷婷

女性主义城市
[加]莱斯莉·克恩 著
尹晓冬 译

出　　版	上海人氏出版社	
	(201101　上海市闵行区号景路 159 弄 C 座)	
发　　行	上海人民出版社发行中心	
印　　刷	苏州工业园区美柯乐制版印务有限责任公司	
开　　本	890×1240　1/32	
印　　张	9.5	
插　　页	3	
字　　数	172,000	
版　　次	2024 年 7 月第 1 版	
印　　次	2024 年 7 月第 1 次印刷	

ISBN 978 - 7 - 208 - 18637 - 8/C · 703

定　　价　68.00 元

献给玛蒂（Maddy）

目　录

致　谢

我要感谢"字里行间"出版社（Between the Lines Books）的每一个人，尤其是我的编辑阿曼达·克罗克（Amanda Crocker），谢谢你们充满热忱地对这本书说"是"，并在出版过程中始终支持我。团队成员还有切琳·奈特（Chelene Knight）、勒妮·克纳普（Renée Knapp）、戴维·莫伦休斯（David Molenhuis）和德温·克兰西（Devin Clancy）。

我常常会把计划藏在心底，直到它们快要成形（天蝎座就是这样），但我还是要感谢那些在我放出消息时很早就给了我鼓励和建议的人：埃琳·温克（Erin Wunker）、戴夫·托马斯（Dave Thomas）、詹姆斯·麦克内文（James McNevin）、卡罗琳·克韦希（Caroline Kovesi）和帕梅拉·莫斯（Pamela

Moss）。

激烈、有创造力、缜密、积极参与的女性主义地理学家群体多年以来一直是我精神的家园，没有**她们**的工作，我永远无法完成这部作品。我们的聚会、会议和读书会对我来说意义重大。我感到特别幸运，能有希瑟·麦克莱恩（Heather McLean）、威妮弗雷德·柯伦（Winifred Curran）、罗伯塔·霍金斯（Roberta Hawkins）、乌娜·莫罗（Oona Morrow）、凯伦·福尔克纳·艾尔-印蒂（Karen Falconer Al-Hindi）、蒂法妮·马勒·马尔代尔（Tiffany Muller Myrdahl）、瓦尼娜·斯坦博克（Vannina Sztainbok）和贝弗利·马林斯（Beverley Mullings）作为朋友、合著者与合作者。

我研究生院的导师和指导教授一直在激励我，我很感激他们为帮助我取得成功所做的一切：谢琳·拉扎克（Sherene Razack）、海伦·伦斯基（Helen Lenskyj）、格尔达·韦克勒（Gerda Wekerle）和琳达·皮克（Linda Peake）。

在过去的十年中，我在蒙特爱立森大学（Mount Allison University）的同事和学生为我的工作营造了一个温暖而充满活力的环境。特别要大声地对每一个选修了"性别、文化和城市"的人说：这本书是一度被一群踊跃参与的人称为"克恩学"的浓缩精华。我们的对话帮助构建了这本书的宗旨。

我城市的和不那么城市的冒险经历充满了乐趣、姐妹情谊、旅行、文身、乳酪和不实用的鞋子，这是由于我的两个闺蜜小团伙——多伦多的"粉红女郎"和萨克维尔（Sackville）的"女士团"。在我生活中依次出现的是：珍妮弗·凯莉（Jennifer Kelly）、克丽斯·温考夫（Kris Weinkauf）、凯瑟琳·克鲁皮茨（Katherine Krupicz）、萨拉·格雷（Sarah Gray）、克里斯蒂娜·伊斯基耶多（Cristina Izquierdo）、米歇尔·门德斯（Michelle Mendes）、凯蒂·哈斯莱特（Katie Haslett）、简·德莱登（Jane Dryden）、雪莉·科莱特（Shelly Colette）和丽莎·道恩·汉密尔顿（Lisa Dawn Hamilton）。

我一直得到家人始终如一的支持，包括我的父母黛儿（Dale）和拉尔夫（Ralph）、弟弟乔什（Josh），还有庞大的家庭关系网——有血缘的和没血缘的。我的伴侣彼得（Peter）每天早上都煮咖啡，让我有可以写下这本书里的每一个字的基础。我的女儿玛蒂（Maddy）则是纯粹的光。我爱你们所有人，深深感谢你们为我所做的一切。

引言

男性之城

我有一张老照片，照片里我和弟弟在伦敦特拉法加广场上被几十只鸽子包围了。从我们相称的西瓜头和灯芯绒喇叭裤来看，我猜那是在 1980 年或者 1981 年。我们正兴高采烈地把父母从广场上一个小型自动贩售机里买来的种子撒出去。你再也找不到这些机器了，因为喂食鸽子如今是严厉禁止的，不过在当时，这就是我们拜访父亲家人之旅中最精彩的一部分了。我们是一切的中心，我们的兴奋溢于言表。在我们容光焕发的脸上，我看到了我们共同的对伦敦和城市生活终生不渝的热爱的开始。

我和乔希出生于多伦多的市中心，但父亲和母亲是在郊区抚养我们长大的。尽管米西索加（Mississauga）的人口使它成为加拿大最大也最多样化的城市之一，但在 20 世纪 80 年代，它本质上还是以汽车为中心的郊区购物中心景观

（mall-scape）。我和弟弟各自都尽可能迅速地搬到了多伦多，嫌弃郊区的速度比我们会说"扬—大学—斯帕迪纳线"①还要快。不过，我们对城市生活的体验却有天壤之别。我很怀疑乔希有没有手里攥着钥匙，被迫走路回家，或者因为婴儿车占了太多地方而被乱推乱挤过。由于我们有着相同的肤色、宗教信仰、能力、阶层背景和大同小异的 DNA，我只能得出结论，性别是最重要的差异。

无序的女性

女性一直被视为现代城市的一个问题。在工业革命期间，欧洲城市飞速地发展，把一种混合了社会阶层和移民的失序带到了街头。维多利亚时代的社会规范包括严格的阶层界限和严苛的旨在保护高阶层白人女性贞洁的礼节。这种礼节被城市里日益增长的男性和女性之间以及女性和喧腾的人群之间的接触所打破。"绅士，更糟糕的是还有淑女，被迫与下层阶级的人擦肩而过，他们被撞到，他们被推搡，几乎没有礼仪和尊重。"文化历史学家伊丽莎白·威尔逊（Elizabeth Wilson）[1]这样写道。历史学家朱迪思·沃尔

---

① 扬—大学—斯帕迪纳线（Yonge-University-Spadina Line），多伦多最古老、最繁忙的地铁线路之一。（本书脚注除特别注明外，皆为译者注）

克维茨（Judith Walkowitz）[2]则解释说，维多利亚时代伦敦的"争议地带"为"要求自己成为公众的一部分"的女性开辟了空间，尤其是在涉及有关安全和性暴力的讨论之时。然而，这一失序的过渡时期却意味着越来越难以辨明身份，一位走在大街上的女士很可能面临终极的侮辱：被误认为是"公共的女性"①。

　　这种对所谓天生的等级差别的威胁和对社会地位壁垒的动摇意味着，对于那个时代的许多批评家来说，城市生活本身就是对文明的威胁。"女性的状况，"威尔逊指出，"成为评判城市生活的试金石。"[3]从性工作到骑自行车方方面面，女性逐渐扩大的自由就这样遇到了道德恐慌。乡村连同新扩展的郊区一起，为中上阶层提供了合适的退路，更为重要的是，为女性提供安全和延续不变的社会地位。

　　有些女性需要保护，以免受到城市乱糟糟的失序的影响，而另外一些女性则需要控制、再教育，甚至或许是放逐。对城市生活日益增长的关注使得工人阶级的生活状况越发可见，也越来越不被中产阶级接受。按照恩格斯的说法，还能有谁比女性更该受到指责呢，她们来到城市，在工厂和家政行业找到工作，由此把家庭搞了个"天翻地覆"。女性参与有偿劳动表明了一定程度上的独立，当然也意味着在她

3

---

① 公共的女性（public woman），即站街女，对性工作者的一种委婉说辞。

们自己家中承担家务责任的时间少了。贫穷的女性被描述成家务上的失败者，她们没有能力保持家庭的整洁，是工人阶级"堕落"的罪魁祸首。这种堕落通过不良嗜好以及其他各种有问题的私人或公共行为表现出来。所有这一切都被看作是极为反常的事态。

当然，最大的社会罪恶是卖淫，它可能会破坏家庭，动摇社会的基础，并且传播疾病。在当时的前细菌理论的认识中，人们认为疾病是空气中的瘴气（由有害的下水道臭气发散的）传播的。同样出现的是**道德**瘴气的概念：即一个人可能会由于非常接近堕落的人而为其所感染。那个时代的作家为"在街上走来走去的拉客女"的普遍存在而感到愤慨，她们公开地进行交易，引诱好男人进入邪恶的世界。女性还"不断地受到诱惑，并且，一些改良者相信，一旦'失去贞洁'，女性就注定要过一种日益落魄的生活，会过早地、悲惨地死去"。[4]

4　　　包括查尔斯·狄更斯在内的许多人提出了解决之道，让失贞的女性移民到殖民地，那里有太多过剩的男性殖民者，她们或许可以嫁给其中的某位，从而恢复体面。在那里，需要保护白人女性殖民者免受"土著"的威胁，这就为遏制和去除城市化地区的原住民人口提供了理由。当时的流行小说描绘了白人女性被四处劫掠、复仇心切的"野蛮人"绑架、折磨、强奸以及强迫结婚的耸人听闻的故事。这些新的要塞般的殖民者城市标志着从边疆到文明的转变，白人女性的贞洁和安全将促成这一蜕变。

另一方面，原住民女性被视为对这一城市转型的威胁。她们的身体具备孕育"野蛮人"的能力，而这正是殖民者试图遏制的。她们还在她们的族群中担任文化、政治和经济权力的重要职位。通过强制推行欧洲父权家庭和政府体系来剥夺原住民女性的这种权力，同时将原住民女性非人化，把她们看作是原始的、滥交的，这都为剥夺土地和强迫迁徙在法律和地理上的进程奠定了基础。[5]因此，对原住民女性的羞辱和污名化是城市化进程的一部分。考虑到如今在殖民者殖民的城市里针对原住民妇女和女童的暴力比例极高，很明显，这些态度和做法产生了持久的、破坏性的影响。

快进到今天：通过控制女性的身体来推进某些城市发展议题，这样的尝试还远没有结束。就在不远的历史中，我们看到了那些接受社会救助或在某些方面被认为依靠国家的有色人种女性以及原住民女性，她们被胁迫或强制绝育。在20世纪70年代和80年代，对于黑人"福利女王"①的种族主义刻板印象被当作衰败的城市叙事的一部分而广为流传。这与青少年怀孕引起的道德恐慌有关，他们认为少女妈妈会加

①　福利女王（welfare queen），尤其是在美国，指那些通过欺诈或者操纵手段过度地获取国家福利的人。

入所谓的福利女王的行列，生下有犯罪倾向的孩子。当代废除性工作的运动被重新贴上了反人口贩卖运动的标签，而人口贩卖则被视为一种新的带有性别意味的城市威胁。不幸的是，在这一新议题下，那些没有被贩卖的性工作者几乎得不到尊重，也没有选择的能力。[6]反肥胖运动的目标是作为个体以及作为母亲的女性，她们的身体和她们孩子的身体被视为现代城市问题的症候，如依赖汽车或食用快餐等。

简而言之，女性的身体仍然经常被视为城市问题的根源或标志。即使是有孩子的年轻白人女性也会被诋毁为士绅化的罪魁祸首，而士绅化的支持者则指责有色人种的单身母亲和移民女性滋生了城市犯罪行为，并且减缓了城市的"振兴"。将女性与城市社会问题联系起来的方式似乎无穷无尽。

虽然我承认维多利亚时代对贞洁和清白一些过分夸张的恐惧已经减少，但女性仍经由身体的、社会的、经济的和象征意义上的一系列壁垒来体验城市，这些壁垒以深刻的（虽然不止是）性别化的方式塑造了她们的日常生活。男性是看不见这许多的壁垒的，因为他们自身的经验意味着他们很少遇到这些壁垒。这也表明，城市的主要决策者仍以男性为主，从城市经济政策到住宅设计，从学校选址到公交车座位，从治安管理到积雪清除，他们在方方面面做出选择，但对这些决定会如何影响女性一无所知，更不用说关心这些决策了。城市是为了支持和方便男性的传统性别角色而建立

6

的，并且把男性的体验奉为"规范"，而很少在意会如何为女性设置阻碍，也忽视了她们在城市生活的日常体验。这就是我所说的"男性的城市"。

谁在书写城市？

在写作这本书的过程里，我异常兴奋地收到了我那本多伦多大学的铜版纸印刷的校友杂志，因为这一期的封面故事是《我们需要的城市》(*The Cities We Need*)[7]。多伦多大学现任校长是一位城市地理学家，所以我对此充满期待。这期杂志有四篇关于城市"需求"的文章：可负担性（affordability）、可达性（accessibility）、可持续性（sustainability）以及更有趣味（morefun）。了不起的主题。不过每一篇文章都由一位中年白人男性写就。作者们引用的专家也大多是男性，包括无处不在的理查德·弗罗里达（Richard Florida），通过他那（自己也承认的）有严重瑕疵的创意阶层范式，他对城市政策超乎寻常的影响力遍及全世界，而实际上这很可能是当下困扰温哥华、多伦多和旧金山等城市的许多可负担性问题的罪魁祸首。我想说，我对此既惊讶又失望，但认命或许是最恰当不过的词了。如同女性主义学者萨拉·艾哈迈德（Sara Ahmed）巧妙地指出的："引用性（citationality）是学术关联性（relationality）的另一种形式。白人男性作为**引文相关的关联**（citational relational）而再生。白人男性引用其他的白人男性：这是他们一直以来的做法……白人男性是一条捷径；我们越是踏上**那条道路**，我们就越是往**那个方向**拐。"[8] 很长一段时间以来，城市学术和规划一直在往"那个方向"拐。

我远非第一位指出这一点的女性主义写作者。迄今为止，女性书写城市生活〔如夏洛蒂·勃朗特在《维莱特》（*Villette*）里的描写〕，女性为城市女性的需求而呼吁〔例如社会改革家简·亚当斯（Jane Addams）和艾达·B. 韦尔斯（Ida B. Wells）〕，以及女性为住宅、城市和社区提出她们自己的设计〔像是凯瑟琳·比彻（Catharine Beecher）和梅露西娜·费伊·皮尔斯（Melusina Fay Peirce）〕，这些都已有悠久的历史。女性主义建筑师、城市规划师和地理学家通过严密且切实的研究，并基于性别的体验在各自的领域作出了重要的干预。行动主义者也一直在努力推动城市设计、治安实践和服务等方面的重大变革，以更好地满足女性的需求。然而，即使女性的身后正跟着一个陌生人，她还是必须在夜晚穿过马路。

在我之前的女性主义城市学者和作家所做的基础工作是本书的基石。当我第一次在研究生院"发现"女性主义地理学的时候，我就像是开悟了一般。突然间对女性主义理论的理论洞察有了第三个维度。我以一种新的方式理解了权力的运作，对于我自己作为一个居住在郊区的女性的体验也有了新的洞悉，从那以后城市开始具象起来了。我从不后悔过往，如今我很自豪地称自己为一个女性主义地理学家。在这本书中，我们将遇到城市思想家，他们研究了从女性在城市中的行走到城市建筑的性别象征再到女性在士绅化过程中所起的作用等方方面面。不过，我并不想从理论、政策或城市设计开始，而是想从诗人艾德里安娜·里奇（Adrienne Rich）所说的"身边的地理空间（geography closest in）"——身体和日常生活——开始。[9]

"从物质开始，"里奇写道，"从女性的身体开始……不是要超越这个身体，而是要找回这个身体。"[10] 我们要在此找回何物？我们正要重新找回私人的、生活的经验，来自直觉的认知和来之不易的真理。里奇称之为"试图以女性的身份从中心看问题"，或者说是，一种向女性提问的政治。[11] 不是本质主义的问题，那些基于女性的生物学定义的错误断言。相反，这些问题来自日常的、具身的（embodied）经验，属于那些将自己归入富有活力的、不断变化的类型的"女性"。对于我们来说，城市生活产生了诸多的问题，长久以来都没有得到回答。

作为一名女性，我的日常城市经验带有浓厚的性别色彩。我的性别身份决定了我如何在城市中行走，我如何度过我的日常生活，以及我可以作出的选择。我的性别不仅仅

8

是我的身体，但我的身体却是我生活经验的场所，我的身份、历史和我生活的空间在这个场所相遇、互动，并且在我的肉体上书写它们自己。这就是我写作的空间。在这个空间里，我的经验促使我去问："为什么我的婴儿车不能上有轨电车？""为什么我必须多走半英里①回家，就因为这条近道太危险了？""如果我在G20抗议活动中被捕，谁去把我的孩子从营地接回来？"这些不仅仅是个人的问题。它们开始触及城市为何并且如何让女性"待在她们的场所里"的核心问题。

我开始写作这本书的时候，"MeToo"运动爆发了。[12]随着调查报道曝光了好莱坞长期以来的侵犯者和骚扰者之后，一批女性和几名男性站出来讲述他们在工作场所、体育、政治和教育领域遭受的性骚扰和性暴力的故事。自从安妮塔·希尔发声以来，性骚扰的危害还从未引起媒体、机构和政策如此程度的关注。尽管从克拉伦斯·托马斯听证会②起，那些用以抹黑受害者和举报人的说辞并没有太多的变化，但针对最恶劣的罪犯和最为歧视女性的机构的大量证据

---

① 约等于0.80千米。

② 1991年，单身女律师安妮塔·希尔（Anita Hill）在其上司克拉伦斯·托马斯（Clarence Thomas）提名最高法院大法官的确认听证会上指控托马斯对她进行性骚扰，虽然托马斯最终以52票对48票的微弱优势获得了提名，但这场听证会彻底改变了美国人对性骚扰问题的回避态度。

（几乎都是真的！）正在说服许多人，必须作出改变。[13]

这些被侵犯的受害者证实，持续面对身体和心理的暴力会产生长期的、改变生活的影响。她们的经历充斥着大量的有关城市女性恐惧的文献。连续的、低级的暴力威胁和日常的骚扰一起，以难以穷尽的有意或无意的方式塑造了女性的城市生活。如同工作场所的骚扰将女性逐出了权力岗位，抹去了她们对科学、政治、艺术和文化的贡献一样，城市暴力的幽灵也限制了女性的选择、权力和经济机会。也与行业规范的架构容忍骚扰、保护侵犯者，并且惩罚受害者一样，城市环境的构造支持父系家庭形态、男女有别的劳动力市场和传统的性别角色。尽管我们愿意相信社会发展超越了性别角色等严格的界限，女性和其他边缘群体却仍然发现，他们的生活受到城市固有的各种社会规范的限制。

"MeToo"受害者的经历揭示了女性主义活动家所说的"强奸迷思"（rape myths）的长盛不衰：一系列错误的想法和偏见，通过把责任部分地推卸给受害者，使得性骚扰和暴力持久地存在。强奸迷思是如今我们所说的"强奸文化"的关键组成部分。"你当时穿什么样的衣服？"以及"你为什么不报警？"是"MeToo"受害者们要面对的两个经典的强奸迷思问题。强奸迷思也有其**地理学**。这也嵌入了每一个女性脑海中有关安全与危险的心理地图中。"你在那附近做什么呢？在那个酒吧？一个人等公共汽车？""你为什么一个人在

9

晚上走？""你为什么要抄那条近道？"我们预期到这些问题，
10 它们就像所有实际上的威胁一样，塑造了我们的心理地图。
这些性别歧视的迷思足以提醒我们，我们在城市中行走、工
作、玩乐和占用空间的自由是受到限制的。它们在说：这个
城市并不真的适合你。

自由和恐惧

在开始狂热地喂鸽子之后大概十年左右，我和乔希回到
了伦敦，这时我们已经足够大，可以独自搭地铁到托特纳姆
法院路（Tottenham Court Road）和牛津街了。我们的父母大
概只想要享受某种提升文化素养的体验，而不是每隔五分钟
就被问一声我们什么时候去购物。就像如今你会看到鸽子聪
明地借助地铁去寻找它们喜爱的新的食物来源一样，我们自
个儿学会了在城市中独立地思考和摸索。在智能手机问世之
前，我们只能凭借地铁地图和直觉来引导自身，但我们从未
感到害怕。有关安全和警戒的标志和布告让人联想到遥远的
爱尔兰共和军爆炸案的新闻片段，但这根本不能触动两个正
在度假的加拿大孩子。旅行将尽时，我们已（自以为）是精
明的小小城市探险家了，离成为真正的伦敦人只差一步之遥。

大约在那次旅行的前一年，我们第一次去了纽约市。
那应该是 1990 年，几年后，市长鲁迪·朱利安尼（Rudy

Giuliani）的"零容忍"政策加速推进了时代广场和其他标志性街区的迪士尼化的改造。我们有一点自由，可以一起在第五大道上的大商店里闲逛，但在这里不可能独自搭乘地铁。事实上，我记得整个旅程我们都没有坐过一次地铁，即使是和父母一起。纽约有着与多伦多或伦敦完全不同的凶悍气质。对于我们的父母来说，这座城市的兴奋感交织着一种显而易见的威胁感，比爱尔兰共和军的袭击更加真实。

我觉得我从那时就明白了，一座城市——它的危险、刺激、文化、吸引力等等——不仅仅存在于物质形式中，也栖息在想象之中。想象中的城市则由经验、媒体、艺术、谣言和我们自己的欲望和恐惧所塑造。20 世纪 70 年代和 80 年代激进而又危险的纽约主导了我父母心目中的印象。这并不是我们在 1990 年所经历的，但它却塑造了我们对这个地方的认识或者说是自以为的认识。事实上，这种对危险的暗示很诱人。它使纽约变得**纽约**：不是多伦多，不是伦敦，当然更不是米西索加。这座城市的活力和吸引力与一切都有可能的感觉纠结在一起。

这种刺激与危险、自由与恐惧、机会与威胁交织在一起的感觉，勾勒出如此多有关城市的女性主义思考和写作。早在 20 世纪 80 年代，我未来的博士生导师就大胆地宣称："女性的场所在城市里。"[14] 格尔达·韦克勒（Gerda Wekerle）认为，只有人口稠密、服务多样的城市环境才能支

11

持女性"工作与家庭双份儿"的有偿和无偿的劳作。与此同时，社会学家和犯罪学家对女性极度地恐惧城市犯罪提出了警告，这种恐惧无法用针对女性的陌生人暴力的实际水平来解释。[15]对女性主义活动家来说，早在20世纪70年代中期，针对女性的公开的暴力行为就首次在欧洲和北美的城市里引发了"夺回夜晚"①的游行活动。

在日常生活中，关于"城市不适合女性"和"女性的场所在城市里"的说法都是真实的。然而，如同伊丽莎白·威尔逊所证实的，尽管城市充满敌意，女性对城市生活一直以来还是蜂拥而上。她认为"可能过度强调了维多利亚时代女性在私人领域的限制"，并指出，即使在这一性别规范严格的时代，还是有些女性能够探索城市，承担起作为公众人物的新角色。[16]让危险见鬼去吧。在城市里，女性有了她们在小城镇和农村社会闻所未闻的选择。工作的机会。对狭隘的性别规范的打破。对异性婚姻和成为母亲的规避。对非传统的职业和公共职务的寻求。独特个性的表达。社会和政治事业的开拓。新的亲属关系网络和超出一般的友谊的发展。艺术、文化和媒体的参与。所有这些选择对城市女性来说要容

① 夺回夜晚（Take Back the Night），1975年在费城以及1976年在布鲁塞尔，女性手持蜡烛在夜晚游行，以抗议针对女性的暴力行为，随后女性主义活动家安妮·普赖德（Anne Pride）于1977年在匹兹堡一次反暴力集会上首次使用了"夺回夜晚"这个词。这一活动持续至今。

易得多。

不那么有形，但却同样重要的，是城市的精神气质：其匿名性、生命力、自发性和不可测性，当然，甚至还有危险性。在夏洛蒂·勃朗特的《维莱特》中，女主角露西·斯诺（Lucy Snowe）独自前往伦敦，当她敢于"穿越危险"时，她经历了"或许是非理性的，但却是真正的快乐"。[17] 我并不是说女性喜欢陷入恐惧，但是城市生活的某些乐趣与它固有的**不可知性，**以及一个人敢于面对这种不可知性的勇气相依相存。事实上，对于那些拒绝了安定的郊区生活和乏味的农村节奏的女性来说，不可预测性和无序可以代表"真正的城市"。[18] 当然，如果在你想要离开的时候，你有办法走，你就会发现这种无序的刺激没有那么难。无论如何，对犯罪的恐惧并没有让女性远离城市。然而，这只是以特定方式塑造女性城市生活的诸多因素之一。

本书探讨了女性对于城市的疑问，审视其好坏是非，探究其趣味所在，反思其可畏之处，目的则是为了颠覆我们自以为了解的我们身边的城市。也是为了以全新的眼光去看城市的社会关系——跨越性别、种族、性意识和能力等等。引发人们对其他的、不那么显而易见的城市经验的讨论。为创造性地思考如何促成一个女性主义的城市开辟空间。把女性主义地理学引入讨论中，探讨那些在城市中努力生存与发展、奋斗和成功的日常细节。

13

女性主义地理学

2004 年，我在前往芝加哥参加一个大型的地理学年会的路上，读到了长期反对女性主义的《环球邮报》(*Globe & Mail*) 专栏作家玛格丽特·温特 (Margaret Wente) 同样 "发现了" 女性主义地理学。[19] 既然憎恨男人和了解自己的国家首都显而易见是两个完全不同的领域，谁会相信女性主义地理学是一门合理的学科呢？温特用她的质疑向追随者描画了她经常重复的主张，即人文和社会科学是毫无价值的事业，充满了编造的科目和虚假的学术。

故意视而不见的温特不愿意了解的是，地理学为女性主义分析增加了一个迷人的维度。当然，你必须愿意超越你在中学时对地理学的认知：这不是给地图涂上颜色或者记住各大洲。地理学是有关人类与我们的环境的关系，包括人造的和自然的。从地理学视角看待性别给我们提供了一种方法，能够理解性别歧视是如何从根本上起作用的。女性的次等地位不仅是通过 "领域划分"① 的隐喻概念加强的，而且是通过排除在外的实际的、物质的地理来实现的。男性的权力

---

① 领域划分 (separate spheres)，一种将人类活动的领域划分为 "私人领域" 和 "公共领域" 的意识形态，其中女性主要活动在包括家庭在内的私人领域，负责操持家务，而男性则活动在政治、经济等公共领域，从事有偿工作。

和特权通过限制女性的行动和约束她们进入不同空间的能力得以维持。正如我最喜欢引用的女性主义地理学家简·达克（Jane Darke）的一句话："任何定居点都是建造它的那个社会中的社会关系在空间里的铭文……**我们的城市是用石头、砖块、玻璃和混凝土书写的父权制**。"[20]

父权制镌刻在石头上。建成环境映射了建造它的社会，对这一事实的简明陈述是不言而喻的。在这个世界里，从药物治疗到撞击实验假人，从防弹背心到厨房柜台，从智能手机到办公室温度，一切都是根据男性的身体和需求来设计、试验和设立标准的，这并不令人意外。[21]多伦多的城市总设计师洛娜·戴（Lorna Day）最近发现，该市的风效应（wind effects）指南假设了一个"标准的人"，这个人的身高、体重和表面积都与一个成年男性一一对应。[22]你永远不会想到，性别偏见会影响摩天大楼的高度和位置，还有风洞的演变，但事实就是如此。

与之相反的是那些更不明显的：城市一旦建成，就会继续塑造并影响社会关系、权力和不平等，不一而足。石头、砖块、玻璃和混凝土并没有主体性，不是吗？它们并不是有意识地在维护父权制，对吗？并不，但它们的形式有助于塑造个体和群体的各种可能性。它们的形式有助于使某些事情看起来正常并且正确，让另外一些事情"不适当"并且是错误的。简而言之，当我们想要思考社会变革的时候，像城市

14

这样的物理场所**很重要**。

城市建成环境的性别象征提醒人们，究竟是谁建造了城市。女性主义建筑师多洛雷丝·海登（Dolores Hayden）于1977年发表了题为《摩天大楼的诱惑，摩天大楼的强奸》（Skyscraper Seduction, Skyscraper Rape）的爆炸性文章，抨击了越来越高的城市大型建筑所体现的男性权力和生殖幻想。与通常的男性军事实力纪念碑相呼应，摩天大楼是男性企业经济实力的纪念碑。海登认为，办公大楼是对"历史上包括杆子、方尖碑、尖顶、圆柱和瞭望塔在内的一系列生殖器纪念碑"的又一个补充，因为建筑师使用了基座、柱身和尖顶的语言，通过聚光灯渲染向上高耸的建筑物，将光线"射"向夜空。[23]在海登看来，摩天大楼的生殖幻想掩盖了资本主义暴力的现实，这在建筑工人的死亡、破产、火灾、恐怖主义和结构性倒塌中表现得格外分明。如同女性主义地理学家莉兹·邦迪（Liz Bondi）所言，与其说它是阳具的象征，不如说它的垂直性是通过"资本的男性特征"来象征权力的类象符号（icon）。[24]

建筑语言借鉴了性别是二元对立的理念，阳性或阴性是以不同的形式和特点来描述的。邦迪认为，这些建成环境的编码"将性别差异解释为'自然的'，从而使特定版本的性别差异得以普遍化和合法化"。[25]除了特定的建筑特征以外，性别规范进一步通过工作和家庭、公共和私人的空间的分离来编码。在建筑和规划行业女性代表的人数持续偏低，这意味着女性对这些领域或者在行业里的经验很可能被忽视，又或者是基于过时的刻板印象。然而，正如邦迪所指出的，简单地"增加"女性进入这个行业，或者多加考虑她们的经验，这在两方面都是不够的。由于女性的经验是由父权社会塑造的，通过城市设计来抹平这种经验上的不足之处，并不能从本质上挑战父权社会本身。其次，女性之间假设的团结也不能解释其他显著的社会差异的标志。

在历史上，女性主义地理学——就像更广泛的学术女性主义——关注的是在男性主导的学科里"增加女性"。贾尼丝·蒙克（Janice Monk）和苏珊·汉森（Susan Hanson）1982年的经典介入论文的标题有力地揭示了该领域的偏见：《论在人文地理学中不排斥一半的人类》。[26] 但是通过增加来解决排斥的方法始终缺乏变革性的力量。

在20世纪70年代和80年代，黑人和有色人种女性主义者，如安杰拉·戴维斯（Angela Davis）、奥德雷·洛德（Audre Lorde）以及"肯比河集体"① 的女性对主流女性主义运动发起挑战，要求她们正视白人、异性恋中产阶级以外的女性所面对的不同形式的压迫。她们的工作导致了我们现在

16

---

① 肯比河集体（Combahee River Collective），1974年至1980年活跃于波士顿的一个女性主义同性恋组织。

所说的交叉女性主义理论^①的发展，该理论基于黑人女性主义学者金伯利·克伦肖（Kimberlé Crenshaw）在 1989 年首创的术语，并在 20 世纪 90 年代由女性主义者如帕特里夏·希尔·科林斯（Patricia Hill Collins）和贝尔·胡克斯^②进一步发展。[27] 交叉性引发了女性主义如何理解特权和压迫的各种体系间关系的根本性转变，这其中包括性别歧视、种族歧视、阶级歧视、同性恋憎恶^③和障碍歧视^④。

　　女性主义地理学家在这门充满了探险、帝国主义和发现史的学科中面临着特别崎岖的地貌。勇敢无畏的探险者们描绘这一"新世界"的阳性的、殖民的修辞所激起的涟漪，在地理学领域仍未能平息。城市地理学家寻找下一个有趣的社区进行研究，对社会群体进行分类，而规划师则渴望抵达新的高度，就人们应当如何在城市生活作出技术、理性和客观的决策。女性主义城市学者的努力，使得女性被认为是正当

①　交叉女性主义理论（intersectional feminist theory），黑人女性主义者提出的一种理论，认为黑人女性由于处于种族、性别、阶层和性意识等身份的关联处而遭受压迫，交叉性作为一种现象学工具可以用来描述黑人女人受到压迫的生活经验。

②　贝尔·胡克斯（bell hooks），美国作家、女性主义者葛劳瑞亚·珍·沃特金斯（Gloria Jean Watkins，1952—2021）的笔名，由于这个名字取自其外曾祖母，为区分而特意使用小写字母。

③　同性恋憎恶（homophobia），也译作"恐同"。

④　障碍歧视（ableism），现多译为"健全主义"，指偏好健全人，而对身心障碍人士持有偏见。

的、在某些方面是独特的城市主体。但她们早期的工作缺乏对性别关系如何与种族、阶级、性取向和能力相互关联的交叉性分析。

追溯学术女性主义在许多学科中走过的轨迹，女性主义地理学家经常利用她们自身的经验来探索性别是如何与其他社会不平等联系在一起的，以及空间在构建压迫体系中所起到的作用。比如吉尔·瓦伦丁（Gill Valentine）早期的工作是调查女性对公共场所遭遇暴力的恐惧，但很快就转而探索女同性恋在大街等日常空间中的经验。瓦伦丁因为她的女同性恋身份而面临多年的职业骚扰，但她的工作为性取向地理学、女同性恋地理学，以及酷儿（queer）和跨性别（trans）地理学铺平了道路。劳拉·普里多（Laura Pulido）和奥德丽·小林（Audrey Kobayashi）利用她们在这一学科里女性有色人种的经历，呼吁审视地理学中的白人性，推动女性主义者探索他们的研究主题和概念框架后面隐藏的白人性。在今天，黑人女性主义地理学家凯瑟琳·麦基特里克（Katherine McKittrick）和原住民女性主义地理学家萨拉·亨特（Sarah Hunt）等学者的工作，通过我们的话语、方法和对研究空间的选择，继续挑战在女性主义和批判性城市地理学中重新出现的、幽魂不散的反黑人和殖民主义的态度。[28]

对我来说，对城市问题采取女性主义的立场，就是在和一系列纠缠不清的权力关系进行搏斗。向城市质问"女性问

17

题"，意味着要质询的远比性别问题多。我必须去问，我对于安全的渴望如何会导致加强有色人种社区的治安。我必须去问，我对婴儿车的需求如何能与残障人士和老年人的需求一致。我必须去问，我为女性"要求"城市空间的愿望，如何会使那些殖民地的做法和话语永久化，从而损害了原住民收回被夺走和被殖民的土地的努力。问这一类的问题需要一种交叉的方法，需要在某种程度上对自己的立场进行自我反思。

18 　　从我自己的身体和我自身的经验开始，意味着从一个非常优越的空间开始。作为一个白人、顺性别（cis）、身体健全的女性，我知道在大多数情况下，我的身体具备正当性，适合在后现代的、休闲的、消费导向的现代城市穿行。我在一个以英语为主的国家里说英语。我在两个民族国家拥有正式的公民身份。我的殖民者身份很少在原住民土地上受到质疑。我不是基督徒，但身为犹太人在加拿大并不稀奇，对大多数人来说也是不醒目的，尽管反犹太言论和暴力的死灰复燃使我在写下这个词的时候更加谨慎。总体来说，对于一个以写作士绅化为生的人来说，我非常清楚，我的身体被解读为成功"更新"的标志，代表了一个可敬的、安全的、中产阶级的、值得拥有的空间。

　　对于有色人种、黑人、跨性别者、残障人士、原住民，以及其他白人和合乎规范的身体主导的空间并不欢迎的人，我的身体也意味着危险和排斥。我的存在可能暗示着，马上就会有人向经理作鸡毛蒜皮的投诉或者给警察打救命电话。我周围的人和整个城市可能会把我的舒适放在他们的安全之上。虽然我无法改变这些标志着我的大部分特征，但我能意识到我的身体所代表的意义，并抑制我的冲动，不再坚持我能够也应当让所有的城市空间都为我拥有。如果我的存在会导致已经在苦苦挣扎的群体进一步被边缘化，那么我需要认真地考虑我在那里的存在是否有必要。

这种具身特权并不能消除我生活中因性别而产生的恐惧和排斥。相反，我所拥有的特权与我作为女性的经验交织在一起。在整本书中，我试图公开我有限的视角所看见的，以及我未能说清楚的。尽力去理解所有的知识都是有情境的——也就是说，所有的知识都来自某个**地方**——这就要求我承认，即使我在某地是（或曾经是）一个"局内人"，例如我的家乡多伦多，我的观点也不是权威的。[29] 对于我所书写的其他许多城市来说，我是一个局外人，我必须警惕那些我并不属于的城市社区，避免复制草率的刻板印象以及并无定论的意象。我还必须明确这样一个现状，我的城市经验和我的地理学专业知识根植于全球的北方城市和西方的研究机构。尽管我从更广泛的地方搜寻相关的例子和案例研究，但我还是无法公正地对待来自全球南部以及亚洲城市的"女性问题"。这一鸿沟是女性主义城市地理学中持续存在的一

19

个问题，许多人都认为这是 21 世纪学者所面临的一个关键挑战。[30]

如果你翻阅了我的作者简介，发现我在如今被称为米克马克（Mi'kma'ki）地区的加拿大东部一所小型大学工作，你可能会感到些许困惑。虽然我们有独立咖啡馆，一家潮人酒吧，甚至还有一家无麸质面包店，但新不伦瑞克省的萨克维尔（Sackville）不过是一个 5000 人左右的农村小镇。它距离最近的城市蒙克顿大约 40 公里，其人口大约和伦敦的一个自治市相当。完全不是一个热门城市。在我办公室屋顶上安营扎寨的鸽子已经是我生活中最有城市气息的元素了，它们在倾斜的顶棚上跑跑跳跳，咕咕地叫着追来逐去。虽然这所大学试图赶走它们，但显然，我正在力挺它们，好让它们躲开它们的"刽子手"。

我居住在此已有十年。当我第一次得到一份为期九个月的合同，意识到萨克维尔有多么小后，我几乎要拒绝它。"我不能住在那里，"我想道，"我明天就回绝。"我的个人身份就是这样和这座城市紧紧联结起来的。经过一个无眠之夜，尽管我非常喜欢多伦多，一份全职工作还是不可以被拒绝的。一份合同延长成了三份合同，最后是一份长聘合同和一个终身教职。十年了。久到我不能再认为这只是从多伦多临时搬来，但我仍然是一名城市地理学家和城市爱好者。

从哪里开始呢？我们从物质开始。身体的问题。艾德里安娜·里奇列举了她身体的特质——疤痕、怀孕、关节炎、白人的皮肤、没有强奸、没有堕胎——以此提醒她，她的身体是如何让她立足于自己的视角，又允许她书写和言说什么。我的身体允许我写作什么和谈论什么？我可以从我一度怀孕的身体开始，在北伦敦的火车上出冷汗和犯恶心。我可以从我疲惫不堪的肩膀开始，因为使劲地推着婴儿车穿过结满冰的多伦多街道而感到疼痛。我可以从我的双脚开始，如释重负地脱掉我那性感的鞋子，踩在高地公园凉爽的草地上，在那里我躺着，而人们看着我。这一身体和城市的交汇点，正是"向女性提问"和思考"女性主义城市"的核心。

这些问题最终必须有助于我们去想象和制定不一样的城市未来。不平等、暴力和贫困仍然困扰着世界各地的城市。危险的民族主义运动表现为针对不同城市社区的白人恐怖主义行为。气候变化正在给我们在何处生活以及如何生活等问题带来严峻的挑战。所有这些议题的影响都是紧密地相互交织的。尽管个人和社会层面都需要大规模地变革，但我们并不需要为了让事情变得不同和更好而编造普世化的宏大愿景或乌托邦式的计划。无论是在设计中，还是在实践中，已经有了可替代的愿景。从让公共交通对女性更安全的计划，到废除警务部门和监狱的愿景，活动家、学者和普通民众长期以来都梦想着、用理论构造着、在实践中践行着在城市里共处的不同方式。事实上，我们都有能力创造新的城市世

21

界——女性主义城市世界——即使这些世界只持续片刻，或者只存在于城市的一小块土地上。其中有一部分挑战是要认识到这些替代方案已经在哪里发挥作用，并且搞清楚它们是否可以大规模推广或者适应不同的环境。在这本书中，我将分享各种这样的项目，新旧兼顾。我希望你们能学会在实践中看见这些可供选择的方案，对性别、女性主义和城市生活进行你们自己的探讨，以你们自己的方式来采取行动，从而让城市变得不一样。

CHAPTER ONE

第一章　母亲之城

如果你曾经怀孕，"身边的地理空间"很快会变得非常 22令人不自在。忽然之间，你变成了别人的环境。关于你的身体如何在这个世界移动以及别人如何看待你的一切都将发生改变。

我怀着女儿玛蒂的时候，正是典型的沉闷的伦敦冬天，接下去又是异乎寻常的暖春和炎夏。我在肯蒂什镇（Kentish Town）有一份兼职的办公室工作。我上班去芬奇利中心（Finchley Central）只要坐五站地铁，但大多数时候都会感觉这距离简直没完没了。我上早班的时候，恶心让我不得不在拱门站（Archway station）下车，在那里我会跌跌撞撞地走向一条长椅，试图让我的胃平息下来，然后小心翼翼地重新登上新的地铁。在我显出孕相之前，无论我的脸色多么蜡黄，都没有被人让座的机会。即使在我肚子显怀以后，这种缺乏热诚的态度也没有多大改善。

我决心成为那些怀孕以后还继续过着普通生活的人中一员，就好像什么都没有改变一样。这比塞雷娜·威廉姆斯（Serena Williams）在怀孕期间赢得大满贯赛事要早很久，但我一直致力于传递这种精神。我刚从女性研究专业毕业，有了我自己的《我们的身体，我们自己》①。面对病态、厌女的医疗行业，我准备以强硬对之，并坚持自己的女性主义原则。我很快就发现，在英国，由于助产士仍主导着产前和产后的护理，我对这一体系的愤怒有点被误导了。然而，对我在城市中的位置正在发生的变化，我还没有完全准备好。

我还没有听说"女性主义地理学"，不过我肯定是一个女性主义者，并且我的每个女性主义自我在每一个转折点都很激烈。我的身体突然变成了公共财产，可以触摸，可以品评。我的身体给别人带来了巨大的不便，他们也不介意让我知道这一点。我身体的新模样带走了我的匿名性和隐形性。我不再能融入人群，成为人群中的一员，人们看着我。我才是那个被凝视的人。

直到这些东西消失，我才知道我有多么珍视它们。我女

---

① 《我们的身体，我们自己》（*Our Bodies, Ourselves*）是一本关于女性健康和性的书，由非营利性组织"波士顿妇女健康写作集体"创作，于1970年首次出版。这本书在全球各种语言版本的销量已经超过400万册，被誉为"女权主义经典之作"。

儿出生以后，它们也没有再神奇地重新出现。怀孕和为人母
让我极为清晰地看到了这座性别化的城市。我很少如此意识
到自己的具身性。当然，我的性别是具身的，但它一直在那
里。怀孕是一件新鲜事，它让我以新的眼光看待这座城市。
具身性和我对城市的体验之间的联系变得更加发自肺腑。我
虽然体验过街头骚扰和恐惧，但我几乎没有意识到这一切是
多么严重，多么系统，又是多么地理化。

女性漫游者 [①]

　　作为一名女性，我在城市中从未有过完全的匿名和隐形
之感。对骚扰的永无停歇的预期意味着，任何作为人群中的
一员而独自行走的能力都是转瞬即逝的。尽管如此，白色的
皮肤和健全的身体这样的特权让我在某种程度上隐形了。无
缝地融入城市人群，自由地穿行于街道之间，沉浸于超然而
又兴致盎然的观看，这在工业城市爆炸性地增长以来，一直
被视为真正的城市理想。在夏尔·波德莱尔作品中浮现的漫
游者形象是一个绅士，他是城市的"热情的旁观者"，渴望
"与人群融为一体"，处于行动的中心，却又隐然不见。[31]哲
学家和城市生活写作者瓦尔特·本雅明进一步明确了漫游者

24

————————

① 　漫游者（flâneur），又译作"闲逛者"。

是现代城市中的一个基本的城市角色，而像格奥尔格·齐美尔这样的城市社会学家则发现了新城市心理学所固有的"疏离态度"（blasé attitude）和匿名能力等特征。[32]毫不奇怪，从这些写作者的观点来看，漫游者总是被想象成一个男性，更不用说是一个白皮肤、身体健全的男性了。

漫游者可能是女性吗？女性主义城市写作者在这里出现了分歧。有些人把漫游者的范式视为需要批评的排他性修辞；其他人则把它看作是需重新唤回的形象。对那些反对这个观点的人来说，女性永远无法完全遁入无形，因为她们的性别标志着她们是男性的凝视对象。[33]另外一些人则认为女性漫游者一直存在。这些写作者举出弗吉尼亚·伍尔夫为例子，并称她为女性漫游者（flâneuse）。在伍尔夫1930年的一篇散文《街头游荡：伦敦探险记》（Street Haunting: A London Adventure）里，叙述者漫步在伦敦的街头，想象着瞥见了陌生人的想法，沉思着"逃离是最大的乐事；冬天在街头游荡是最了不起的探险"。[34]在她自己的日记里，伍尔夫写道："一个人在伦敦行走是最惬意的休息。"暗示她在汹涌的人群中找到了某种程度的平静和超然。[35]地理学家萨莉·蒙特（Sally Munt）则提出了女同性恋漫游者的概念，并视其为城市的一个角色，她避开了通常的异性恋的凝视，从对其他女性的观察中找到了乐趣。[36]

劳伦·埃尔金（Lauren Elkin）试图在她的书《女性漫

游者：女性漫步城市》①揭开女性漫游者看不见的历史。埃尔金认为，女性在大街上既受到高度的注目，同时又是隐而不见的。始终被凝视，但却没有被写入对城市的叙述。她描述了自己年轻时作为漫游者在巴黎街头的经历，很久之后她才知道它还有一个名字："我可以在巴黎走上几个小时，永远不会'抵达'哪个地方，看看这个城市是如何组成的，瞥见它这儿那儿的秘史轶闻……我一直在寻找残迹，寻找质感，寻找意外、邂逅和不期而然的机遇。"[37]埃尔金坚信，像波德莱尔、本雅明和齐美尔这样的男人不愿意想象一个女性的漫游者，是因为他们无法注意到那些女性，她们的行为举止不符合他们先入为主的观念。在公共场合行走的女性更可能被解读为在街上走来走去的拉客女（性工作者），而不是为了别的目的外出的女性。不过埃尔金写道："如果我们穿越隧道回到过去，我们总会在大街上发现一个女性漫游者正从波德莱尔身边走过。"[38]

不过，我不禁想知道，这位女性漫游者有没有怀孕过？有没有推着一辆婴儿车走过？艺术家、学者凯特琳·格拉迪斯（Katerie Gladdys）的影像作品《婴儿车漫游者》②戏

---

① 《女性漫游者：女性漫步城市》(*Flâneuse: Women Walk the City*)，商务印书馆 2021 年中文版书名为《漫游女子：徜徉在巴黎、纽约、东京、威尼斯和伦敦》。

② 《婴儿车漫游者》(Stroller Flâneur)，stroller 这个词既可以解释成"婴儿车"，也包含"流浪者""散步者"的意思，后者与 flâneur 同义。

用了 stroller（flâneur 的同义词）这个词的双关义，记录
她推着一辆宝宝的婴儿车穿行在佛罗里达州的盖恩斯维尔
（Gainesville）社区。作为一名母亲漫游者，她寻找"建筑结
构和地形谱系里的形态和叙事，同时也为（她的）儿子寻找
感兴趣的物件"。格拉迪斯称，城市的"用婴儿车推孩子的
行为确实是占用或挪用公共空间的社会进程之一"。尽管我
同意这一点，并且我认为母亲们推着婴儿车从她们自己的角
度是隐形的，但她们通常并不与漫游者的经典形象联系在一
起。[39] 即使是重新唤回的漫游者也还是栖居在一个"正常"
的身体里，一个能够在大街上以寻常的方式行走的人。在论
及**女性漫游者**的写作者中，没有一位提到怀孕的身体。尽管
并不是所有经历过怀孕的人都是女性（例如跨性别者），但
确实是一个充斥着性别假设的状态。如果说想象女性版的漫
游者已经是一种拓展，那么怀孕漫游者的想法很可能是越过
了界限。

公共的身体

当你的身体突然变成公共之物时，你不可能融入其中。
尽管女性经常经历对自己身体的指指点点和不请自来的身体
接触，但怀孕和为人母还是把这些冒犯提升到了一个新的水
平。人们看着我鼓起的肚子，就好像它在说："请揉一揉这

26

儿!"人们期望我对各种主动提出的建议都欣然接受,为我没有遵循种种有关饮食、维生素、锻炼、工作等自相矛盾的"专家"建议而表示恰当的羞愧和自责。我不再是一个可以做出种种自主选择的人,就好像它们未经我同意就被众包了一样。

　　所有这一切都使我格外地意识到我身体的存在,并且是以不太好的方式。如果说城市人对其他人的疏离态度让我们每一个人都能在人群中保持某种隐私感,那么这种态度的缺失就使我感到非常地公开。我为我肚子的炫耀性感到尴尬,低劣地把我隐秘的生物特征推到了文明的公共领域。我不想要引人注目。我想要隐藏起来。我并不是试图隐瞒自己怀孕的事实,但我被一种保守的本能所控制,这是任何女性主义的身体自爱①都无法动摇的。朋友们喜欢取笑我衣橱里露脐上衣的数量,但我永远不会穿一件袒露肚子的衬衫,即使在怀孕期间露出一点点也不行。我是想在我自己和众多随意地议论我或者触摸我身体的陌生人之间竖立一道屏障吗?这是我对成为如此引人注目的生物而感到的某种困窘和尴尬吗?我是否在不知不觉中信奉笛卡尔的身心二元论太久,以至于我身体突如其来的自负,让我质疑一切我对自己的

27

---

① 　身体自爱(body positivity),与body shame(以自己的身体为耻)相反,指接纳自己的身体,对抗外形审美的压迫。

了解？

具有讽刺意味的或许是，陌生人对我身体的兴致并没有怎么提高城市的礼仪规范。事实是，我持续不断地感受到一种低劣的提醒，如今的我是不同的，是另类的，是格格不入的。对我来说这一点在地铁上特别明显，在上下班的高峰时段里，很少有人给我让座位。光鲜的商务人士故意把头埋在大张的报纸里，假装没有看到我。有一次，在别人注意到我们之前，我把座位让给了一个怀孕月份更大的女人。安娜·昆德伦（Anna Quindlen）讲述了一个相同的故事，她在纽约怀孕时，把座位让给了一个"看起来像是应该去医院"的女人。"我爱纽约，"昆德伦写道，"但对怀孕来说它不算是一个友善的地方……在纽约没有隐私可言，每个人都直接面对所有人，他们都觉得有必要直言自己的想法。"[40]那些怀孕过的人带着苦笑分享这一类故事，就好像是陈旧的个人轶事，就好像这些故事是你在城市里怀孕时的通行权。就好像这一切都在预料之中，因为你竟敢带着你累赘、不方便的身体离开家。

玛蒂出生以后，我的精力又投入到重新唤回女性漫游者的精神上。如果把玛蒂绑在婴儿背带里，让她依偎在我的胸口，她会睡上好长时间。我用我信赖的《伦敦 A 至 Z 地图册》，规划了一条去一家最近开张的星巴克的路线，然后出发去享受一场简单的疗愈：一杯拿铁和清新的风景。这些在

28

令人精疲力竭的喂食、抱哄、洗澡等日常家务中的休息时刻，感觉就像是一种小小的自由。我几乎记起了在生孩子之前，在城市里当一个年轻人是什么样的感觉。

有时候这些外出很美妙，有时候则不然。我想成为一个母亲漫游者的努力不断地被一个新生儿混乱的生物习惯打断。那些曾令我感到舒适自在的地方，如今却让我觉得自己像一个局外人，一个乳房滴滴答答的外星人，一个吵吵闹闹、带着屎尿味的婴儿。当为人父母的肉体的、具身的行为全然暴露之时，很难扮演一个超然的旁观者。相信我，我想要对这一切都无动于衷。在玛蒂睡着的时候，我几乎可以假装我并不会马上陷入一场尿湿的灾难。而当她醒来，又饿又脏，我就急急忙忙地跑向公共洗手间，确保不会有人被迫目睹育儿的自然现实。

我从不觉得在公共场合进行哺乳这样的事情有多么勇敢。在理智上，我知道我被"允许"在任何地方哺育我的宝宝，但这个念头让我感到难为情。怀孕期间，对我身体的种种千奇百怪的反应让我懂得，我永远无法预知别人会给我造成什么样的感受。同时受到尊重和遭到厌恶令人郁郁不乐。我既是一个神圣的需要保护的人，但也是格格不入的，我占据空间的方式让别人感到不舒服。在加拿大，母乳喂养受到人权法的明确保护，然而要求正在哺乳的人离开公共场所的新闻却时不时地出现，这一事实表明，人们认为哺乳父母应与所在场合适宜的冥顽观念仍然存在。

当我举止得当，能管好我那令人不便的身体，并且我养育孩子的方式也能让那些陌生人全都感到满意时，别人就会对我笑脸相迎，并给予帮助。一旦我的存在让人感到太强烈、太吵闹、太具身，我就会遭到愤怒的瞪视、刻薄的指责，有时候甚至受到身体上的冒犯。我在杂货店排队时，有个男人一直把我往前推。我请他别这么对我，他却叫我"把该死的婴儿车拿开"。在拥挤不堪的公交车上，一个女人叫我坏妈妈，因为玛蒂不小心踩到了她的脚。而当玛蒂摇摇晃晃地走丢了，我因此冲到柜台前的时候，多伦多百货公司的一个售货员竟然让我等一等，她要先服务完一位顾客。尽管孩子被找到了，但这多亏了另一位母亲，她听出我声音里的惊慌失措，立刻采取了行动。

这种程度的无礼行为并不是每天都会发生，然而隐藏在这种社会敌意之后的却是这样一个事实：这座城市本身，它的形式和功能，都是为了让我生活万分不便而建立的。我习惯于从安全的角度来关注我所处的环境，更多的是和环境里的人有关，而不是环境本身。无论如何，如今城市正处处与我作对。身体健全、青春年少的那个我从未遇到过的障碍突然从每一个角落向我扑来。城市曾经展现的自由自在似乎已然成为遥远的记忆。

女性的场所

作为一个新手妈妈，当我试图驾驭一套我并不得心应手的日常生活时，城市就成了一种我必须持续对抗的物理力量。女性承担社会再生产、有偿工作、学校教育以及许许多多的其他角色，城市难道不应该是最能平衡她们双重或者多重生活需求的地方吗？我的博士生导师不就声称"女性的场所在城市里"吗？[41] 如果这是真的，为什么我每天都感觉像是在和一个看不见的、挥之不去的敌人在斗争呢？

的确，我可以走路去杂货店、咖啡馆、公园和其他种种我需要去的地方。我可以搭乘公共交通去学校，最近的地铁站步行可达。社区中心和学校为很小的孩子提供课程。玛蒂的日托所就在附近。没有汽车我也能工作。与郊区相比，这样的城市密度提供了更多的方式来安排育儿、研究生学习和家务事。实际上，格尔达·韦克勒（我的导师）在20世纪80年代写作《女性的场所在城市里》时回应的正是郊区生活的噩梦。

当然，对郊区的女性主义批评由来已久。1963年贝蒂·弗莱丹（Betty Friedan）在对"无名的问题"（problem that has no name）的分析中，严厉地谴责了郊区生活：

> 每个在郊区生活的妻子都在独自挣扎。她整理床

30

铺，购买生活用品，搭配沙发套面料，和孩子一起吃花生酱三明治，开车送小小童子军和女童子军，晚上躺在丈夫身边时，她甚至不敢在内心问自己——"这就是一切了吗？"[42]

从《复制娇妻》(*The Stepford Wives*) 到《绝望主妇》(*Desperate Housewives*)，从《单身毒妈》(*Weeds*) 到《广告狂人》(*Mad Men*)，郊区生活产生了无穷的刻板印象。频繁服用安定的家庭主妇，过度保护的母亲，怀有阴暗秘密的家庭主妇等等。在生活方式、性别角色、种族和阶层不平等种种方面，都有许多可批评之处。不过，女性主义地理学家也在研究郊区本身——它们的形式、设计和建筑，并把它们视为"无名的问题"的根本来源。

31　　如今，我们往往想当然地把郊区看作是大城市的某种有机的衍生物，也是人们对更多的空间和更大的住宅的自然需求的结果。然而，郊区根本不自然。郊区的发展满足了特定的社会和经济的目标。从为战场归来的士兵和他们不断壮大的家庭提供亟须的住宅，到推动战后制造业，郊区是维持经济增长计划的一个重要组成部分，尤其是在第二次世界大战之后。在北美，促进自置居所的政府项目把我们变成了住宅拥有者的国家，把工人和抵押贷款捆绑在一起，而有些人认为这一举措会产生一个更为保守的，尤其重要的是一个反共产主义的社会。住宅房地产行业成长为 20 世纪经济重要的组成部分之一——太重要了，以至于 2007 年美国住宅行业被高风险的借贷行为破坏殆尽时，它引发了全球经济危机。或许最为关键的是，如同女性主义建筑师洛雷丝·海登所指出的："独门独户的郊区住宅已经与经济成功和向上流动的美国（北美）梦想密不可分。它们的存在渗透到了经济、社会和政治生活的方方面面。"[43]

郊区发展的经济作用是必不可缺的，但还有一个隐含的社会问题，这个问题将极大地影响种族和性别的关系。在美国，第二次世界大战后郊区的迅速发展与数百万非洲裔美国人离开南方农村前往北部工业城市寻找更好机会的时间段相吻合。这些城市里黑人人口的快速增长考验了"先进的"北方的宽容态度。许多白人家庭宁愿搬到郊区去，这一现象后来被称为"白人大迁移"（white flight）。事实上，许多早期大批量建造的郊区——如闻名远近的一座座"莱维顿"①，显然"只有白人"。从长远来看，这种模式意味着非白人的群体被限制在破败老旧、资金不足、警力过多的市中心，并且被剥

32

---

① 莱维顿（Levittown），指莱维特父子建造的郊区城镇。1947 年，亚伯拉罕·莱维特（Abraham Levitt）和两个儿子抓住杜鲁门总统推行低息贷款购买住宅的政策机会，在纽约郊区长岛建造了房屋独立、舒适的莱维顿镇，后逐渐推行全国，大大加速了美国城市郊区化的进程。至今，莱维顿式住宅仍被认为是理想的居住地。

夺了通过拥有住房积累财富的机会。这是种族隔离和贫富差距的城市模式延续到 21 世纪的一个主要因素。[44]

如果说郊区发展的种族影响至今仍然存在，那么性别影响也是如此。海登的表达简洁明了："开发商认为，某种特别的房子可以帮助退伍老兵从好斗的王牌飞行员转变成一个上班下班、修剪草坪的销售员。这种房子也会帮助女性从铆钉工罗茜① 转变为全职妈妈。"[45] 战后的宣传是明确的，需要女性放弃战时在工厂的工作，把它们交还给男性，而郊区的家正是重建标准性别角色的完美"解决方案"。为女性暂时的、已经拓宽的眼界提供一个空间上的解决办法，可以"自然地"在两性之间重建公共与私人、有偿和无偿工作的分水岭。

为了正常地运转，郊区生活方式既假定也要求一个以异性恋为核心的家庭，其中一个成年人在外工作，另一个在内

---

① 铆钉工罗茜（Rosie the Riveter），二战期间，美国政府为弥补男性劳动力的不足，吸引家庭主妇到工厂工作而发起了一系列宣传。艺术家 J. 霍华德·米勒（J. Howard Miller）于 1942 年创作了"铆钉工罗茜"，不过当时他的画上并没有"罗茜"的名字，只有一句"我们能做到！"（We can do it！）的口号。1943 年，雷德·埃文斯（Redd Evans）和约翰·雅各布（John Jacob）把这个题材改编成歌曲《铆钉工罗茜》。同年诺曼·罗克韦尔（Norman Rockwell）重新绘制了海报，在海报一角的工人午餐盒上出现了"罗茜"这个名字。从此"铆钉工罗茜"成为美国的集体记忆之一。

劳作。孤立于公共交通和其他服务设施的大宅子，意味着全职妻子和母亲需要扮演全天候家庭照护者的角色，照看家庭并且应对养家糊口的人和孩子们的需求。如同女性主义规划师雪利琳·麦格雷戈（Sherilyn MacGregor）所言，这种建筑形式"为（性别的）劳动分工创造了持久的基础设施"，并且把传统的以异性恋为核心的家庭视为前提。[46]

　　海登认为，一个男性负责养家糊口／无业家庭主妇带着未成年子女，只有一小部分的家庭是这样的情形。事实上，这种模式可能一直只占家庭的一小部分，也几乎不能代表黑人和工人阶层女性的生活。然而，主流的住宅景观就是按照这种理想范式设计的。由于建成环境在很长一段时间内是持久不变的，我们就被困在映射着过时且不准确的社会现实的空间里。这又反过来塑造了人们的生活方式，限定了他们可以有的选择和可能性的范围。

　　我经常对此抱怨不休，有一次一个朋友指责我在这个例子中给了郊区"太多的能动主体性"。因此，让我澄清一下：并不是郊区有意识地**试图**让女性待在厨房里，远离工作场所，但考虑到她们栖息于此的假设，郊区会主动地（如果不是能动地）阻碍她们应对不同家庭类型和工作生活的尝试。远离城市，家庭住宅面积大，需要若干辆车，还有照看孩子的需求，都可能迫使女性要么离开工作场所，要么从事报酬低廉的兼职工作，而这些兼职使得她们可以兼顾郊区生活的

33

责任。男性养家糊口者的职业很少被牺牲或者降级。毕竟，考虑到长期以来的性别收入差距，限制男性的收入潜力是毫无意义的。通过这样的方式，郊区继续鼓励异性恋家庭和劳动力市场中的某些性别角色，并使其理所当然。

城市的修复

格尔达·韦克勒和其他许多人都认为，相对于郊区而言，城市为那些在家庭外面工作的、需要平衡多重相互冲突角色的女性提供了更好的前景。在韦克勒看来，对于以女性为户主的家庭，"她们的生存"依赖于"广泛的社会服务网络，往往只在中心城市地带才有"。[47] 20 世纪 70 年代和 80 年代的研究发现，女性比男性更密集地利用城市，"比郊区的女性更加地投入工作、社区和文化活动，而当她们搬到郊区时，这些机会大多失去了"。[48] 在 20 世纪 60 年代初，著名的城市规划批评家简·雅各布斯（Jane Jacobs）质疑了郊区是女性和儿童的好去处这一主流观点。她指出，远离城市、大街上行人寥寥以及离不开汽车等问题对女性的影响特别大，同时也造成了整个公共领域的衰落。[49]

然而，城市并不是解决这一切的灵丹妙药。让女性相对轻松地承受不成比例的家庭负担是否就是城市的终极目标，即使先不考虑这个问题，城市仍然存在着种种障碍。城市和郊区一样，同样基于假设的社会规范和制度。地理学家金·英格兰（Kim England）写道，性别角色"固化在空间的具体外观上。因此，住宅区位置、工作场所、交通网络和城市的总体布局通常都反映了父权制资本主义社会对在哪里、何时、由谁来进行哪种活动的期望"。[50] 所有形式的城市规划都基于一系列的对于"典型的"城市公民的假设：他们日常的出行规划、需求、欲望和价值观。令人震惊的是，这个公民是男性。一个养家糊口的丈夫和父亲，身体健全，异性恋，白人，并且是顺性别。这就意味着，尽管城市相对郊区而言有很多的优势，但它们肯定不是为了让女性更容易应对"双班制"（double shift）的有偿和无偿劳作这一目的而建造的。

我们可以从公共交通的建设方式中看到这一点，尤其是在郊区兴起之后。大多数公共交通系统是为了适应典型的朝九晚五上班族的通勤高峰而设计的。郊区也确实有少量交通工具的设计是为了把这类上下班的人在特定的时间往特定的方向运送。整个系统假设了一条线性的行程，其中没有绕行，也没有多次停靠。这对普通的男性通勤者来说十分有效。

然而，研究表明女性的通勤往往更为复杂，它反映出叠加的、有时是互相冲突的有偿和无偿工作的职责。[51] 一位带着两个小孩的母亲乘坐本地的公共汽车，把一个孩子放在八点开门的托儿所，然后折返她的行程，八点半时让另一个孩子在学校下车。她搭乘火车，赶着九点钟上班。在回家的路上，行程则反了过来，还为了去拿晚饭欠缺的食材和一包尿布多停了一站。现在，她背着满满当当的背包，推着婴儿车，还牵着一个孩子，她奋力挤上拥挤的公共汽车，终于踏上了回家路。有许多交通系统会迫使她为这一行程多次支付费用，她的孩子也是如此。如果她居住在郊区，她甚至很有可能必须为使用不同的市政系统而付费。最近的研究发现，交通是另一个女性缴纳"粉红税"（同样的服务比男性支付更多的费用）的领域。女性似乎比男性更加依赖公共交通，虽然她们得到的服务要更差。以纽约为例，莎拉·考夫曼（Sarah Kaufman）的研究说明，主要负责照顾孩子的女性每个月可能要多支付 76 美元的交通费用。[52]

当我成为一名母亲后，我很快就意识到在伦敦推着婴儿车搭乘公共交通就是一个笑话。尽管由于站台设在地下很深的位置，很多地铁配备了电梯，但 270 个站台里只有 50 个是电梯可达的。[53] 弯曲的楼梯，随意的台阶，急促的转弯，逼仄的隧道，当然还有成千上万的通勤者和旅游者，使得在地铁里行进就像是在冒险。我们带着刚出生的玛蒂第一次大出行是去看一场婴儿用品展（类似于家庭用品展，不过都是婴儿的东西）。我们有一辆既大又舒适的童车，这种推车在英国和欧洲还很常见，是我们在一家慈善商店里找到的。它

36

也有点像一艘宇宙飞船，与我们这一趟出行太不匹配了。那是我们第一次也是最后一次使用这辆童车。我们学到了带着宝宝在这个城市行走的唯一可行方式就是用婴儿背带背着她。

回到多伦多以后，玛蒂很快就变得对婴儿背带来说太大了。推着婴儿车搭乘 TTC^① 已经是无可避免。当时，我住的地方的车站都没有电梯，甚至连自动扶梯都没有。每次我想下台阶时，我都得站在最上面，等着有人搭一把手。我们笨拙地、多少有点惊险地拖着婴儿车，占用了太多的通道空间，拖慢了每个人的速度。一等到玛蒂长大，我就把她放进了可能是最轻便的婴儿车里，轻便到我可以举到臀部这里。虽然不是很理想，但总比一个男人坚持要帮我，最后却向后倒下台阶那一回要好。幸运的是，在他屁股着地向下撞了十几级台阶之前，他松开了他那一端的婴儿车。我感到很羞愧，尽管他最终没有受伤。年轻的妈妈玛莱西娅·古德森（Malaysia Goodson）就没有那么走运。她用婴儿车推着女儿时，在纽约地铁站的台阶上绊倒身亡。尽管她的死亡不是由跌倒直接导致的，这一危险时刻还是凸显了父母每天都在不便利的、拥挤的公共交通系统里冒风险的"噩梦般的场景"。[54]

---

① TTC，指多伦多交通委员会（Toronto Transit Commission），在多伦多运营公共汽车、地铁、有轨电车和辅助运输服务的公共交通机构，是加拿大使用量最大的城市公共交通系统。

刚成为妈妈的建筑师克里斯蒂娜·默里（Christine Murray）问道："如果城市是由母亲们设计的，看起来会是什么样子？"[55]交通问题也是她着重探讨的，她回忆起离她最近的地铁站在改造时没有升降电梯的情形，她哭了。她还对公共汽车上缺乏放置轮椅的空间感到失望，把母亲们缺乏无障碍设施与老年人、残障人士所面临的难题联系了起来。公共交通的方方面面都在提醒我，我并不是设想中的理想用户。楼梯、旋转门、旋转闸机，全都没有婴儿车的余地，坏掉的升降电梯和自动扶梯，粗鲁的指责，凶狠的眼神：所有这一切都告诉我，城市在设计时并没有考虑父母和孩子。我惭愧地意识到，在我遇见这些阻碍之前，我过去很少想到残障人士和老年人的体验，他们甚至更难适应这些。这就像是我们被假定为不想要或者不需要工作、公共空间和城市服务一样。最好还是待在我们的家庭和机构里，我们的归属之地。

尽管交通已是女性城市行动主义的一个主要领域，但公共交通系统的设计、拨款和调度事关性别平等，这一观点还是几乎没有得到关注。1976 年，北部城市怀特霍斯（Whitehorse）打造了育空地区（Yukon）第一套公共交通系统（4 辆小型公共汽车），以应对女性在这个寒冷、空旷的城市里无法获得高薪工作的问题。[56]2019 年，一位来自德里南部（South Delhi）贫民窟安置点的年轻女性录制了一首饶舌歌曲，讲述她们的城市生活，并质问了她们最为关切的一个问题："缺乏既安全又负担得起的通勤方式。"[57]大多数情况下，那些运营公共交通系统的人都有意地忽视了女性的需求。2014 年，一位怀孕的往来伦敦上下班的通勤女性直接向乘客请求让座，而当她被拒绝的时候只能坐到地上。她向铁路公司投诉。他们建议，如果她感到身体不适，她可以拉下紧急制动索，或者干脆避免在高峰时段出行。[58]

母亲的士绅化

38

当我们搬回多伦多时，高昂的房租迫使我远离市中心，这超出了我的预期，但至少我可以在附近买些东西，得到一点服务，不是吗？没错，但我开始慢慢领悟到的是，这些便利是由于我附近的社区正处于士绅化的早期阶段。士绅化基本上是工人阶层和低收入社区被中产阶级家庭和企业取代的过程。士绅化的原因和形式有很多，但我所在的社区——枢纽社区①——当我 2000 年初刚搬到那里的时候，正在经历一种时断时续的缓慢的转变。当地的"便利设施"包括一家百视达音像店（Blockbuster Video）和特惠（No Frills）杂货商

① 枢纽社区（The Junction），一个位于多伦多西面的四条铁路交会的社区，1908 年成为独立城市，1909 年并入多伦多。

店。那里有几座游乐场，但至少有一座常常堆满了垃圾和注射针头。尽管如此，我还是可以步行到能满足我们大部分基本需求的商业街，而且东西也不算太贵。

早期女性主义有关士绅化的写作指出，针对中产阶级家庭的"回归城市"运动，它所起的作用就像是在地理上修复女性所面临的工作与家庭平衡的问题。[59]随着越来越多的女性进入收入更高的专业劳动力市场，她们推迟了结婚和生育年龄，甚至完全脱离异性恋家庭，寻求能够满足她们需要以及提供必要服务的城市环境。正如女性主义地理学家威妮弗雷德·柯伦（Winifred Curran）所说："女性不仅是士绅化的潜在受益者，还是这一进程的推动者。"[60]理论家们预测，考虑到劳动力、家庭和住宅这些性别化的趋势，城市的土地利用模式必定会随之发生重大的变化。然而，并没有发生什么根本的改变，也不足以在实际上扭转城市为女性平等而服务的方式。事实上，我们可以说，包括广泛的士绅化在内的许多变化，反而使得城市环境对大多数女性来说变得资源不足。

士绅化的社区引来了为中产阶级父母服务的便利设施：干净的公园、咖啡馆、书店，以及购买新鲜、有益健康的食品的地方等。它们通常位于便利的交通线路附近，并且往往以好学校为中心，英国和美国尤其如此。柯伦是这么说的：

　　士绅化为工作与生活如何平衡的问题提供了一个市场导向的、个性化的、私有化的空间解决方案。伴随着城市规划未能跟上城市居民的生活体验，那些负担得起的人找到了更有优势的空间来尝试平衡，"重新发现"市中心的社区，那里容易获得中心城区的工作和其他的便利设施。[61]

　　不过柯伦接下去还指出，即便是士绅化所带来的基于阶层的优势，也没能从根本上改变家务劳动的性别化分工，同样也未能动摇旨在迎合男性流动和工作模式的城市基础设施。她的主张，也是我所赞同的："针对富人的城市生活叙事倾向于最小化或完全忽视城市设计中养育和家庭的角色。"[62]在共有公寓①这样的新的城市住宅开发项目附近缺少游乐场、幼儿园，有时甚至没有杂货店，这都说明了规划者和政策的制定者仍然无意为家庭提供可工作，也宜居的场所，即使那些人有能力生活在光鲜的新型城市居所。[63]

　　在城市里，养育工作很大程度上仍然是靠边站的，士绅化并不会在一夜之间让事情变得容易，尤其对于大多数女性来说，士绅化所带来的"便利"还是遥不可及的。根据我

40

---

① 共有公寓（condominium），一种拥有产权的、市场流通度较高的房产，业主对公寓以及一定比例的公共区域拥有产权。

的经验，当与某些人称为"育儿士绅化"的社会趋势相结合时，这些便利就有点像一把双刃剑。这个观点建立在"密集母职"（intensive mothering）的概念上，一个由社会学家莎伦·海斯（Sharon Hays）创造的术语，她把它定义为"以孩子为中心的、专家指导的、情感绑架的、劳动密集的、经济昂贵的"。[64] 这种对父母应当提供甘心奉献、全心全意关注的越来越强烈的预期是前所未有的。如同安德烈娅·奥莱利（Andrea O'Reilly）这样的母亲学学者所主张的，密集母职和新的"母亲迷思"① 的出现，恰好给人们对 20 世纪 70 年代和80 年代女性在社会、性和经济上的日益独立的剧烈反对火上浇油。[65]

这种密集的强化表现在各种各样的炫耀性消费行为和有些人称为"育儿士绅化"的审美观上。优质育儿的规范和文化标志已经士绅化，它们越来越多地被特定产品的品牌、风格和中上阶层城市家庭购买和奉行的活动所定义。这在城市环境中也得到了体现，中产阶级父母要求并且吸引资源到他们的社区，为高档消费和精心策划的以儿童为中心的活动提供了市场。[66] 这样的育儿工作所耗费的时间、金钱和情绪劳

---

① 母亲迷思（mystique of motherhood），也译作"母亲的奥秘"，指一种理想的母亲观，认为只有女性才适合抚育孩子，并假定所有的女性都渴望成为母亲，是女性生命价值的终极体现。

动 ①，大多数家庭，尤其是母亲根本难以承受。

回想最初我在士绅化社区养育孩子的那些年，并没有带来轻松的感觉。事实上，它唤起的是身体深处的疲惫感。当然，对于刚成为父母的人来说，缺乏睡眠是很常见的，而我所指的则是在城市里密集母职的那种体力的付出。我看见年轻的那个自己，推着塑胶轮子的婴儿车穿过满是冰雪的大街和小道。我们没有汽车，每周有好几次要往婴儿车里装满杂货。注意：这应该是城市生活"便利"的一部分。因为车轮撞上坑坑洼洼的人行道就会崩裂，只好半扛半拖地把婴儿车带回家。每天去几趟公园、识字班或社区中心的游乐场，满足我女儿对丰富的、社交的、欢腾的活动的"需求"。晚上坐公交车去市中心上游泳课。在托儿所、学校、杂事、上课、拜访家人和朋友之间来回奔波。我真想及时地回到过去，告诉自己：留在家里。躺平。少做点事。

在那个时候，少做点事似乎并不是一个选项，尽管我附近的许多全职妈妈在听说我选修了研究生院的全部课程之后都惊呆了。她们不知道的是，上学是我一天里最轻松的时光。数小时地沉浸在思考中，不用立刻对另外一个人最微小的愿望负责，**也不用**焦虑她心理和情感的成长……这样的时

① 情绪劳动（emotional labour），由美国社会学家霍赫希尔德（Arlie R. Hochschild）提出，认为情绪管理也会造成一个人精力的消耗。

光宁静无比。即便是 20 世纪 50 年代典型的郊区母亲，也没人指望她无休止地对孩子有求必应。但在 20 世纪末 21 世纪初，人们以为解放了的城市母亲却在照顾孩子的同时，必须履行一系列的家务职责，还常常要在外面工作。并且，她干活的场所绝对不是为了支持她工作而设计的。

我以前认为玛蒂在城市里的童年——以及我在城市里的育儿——与我在 20 世纪 80 年代郊区的童年是截然不同的。似乎她有多得多的源于她自己兴趣的好玩活动，她坐在汽车里等待父母忙完差事的情形也要少得多。这或许道出了部分真相，不过毫无疑问的是，密集母职在 20 世纪 80 年代已经时兴了。我记得每个周末都塞满了犹太教堂、舞蹈课、棒球训练、游泳、滑冰、希伯来语学校，还要加上种种琐事以及长途奔波米西索加处理一系列似乎没完没了的家事。我的父母已经竭尽全力应对越来越庞杂的家庭、工作以及育儿的需求，而他们两个只有一辆汽车，一张驾照。

在我母亲学会开车之前，她常常会步行四十五分钟或一个小时，就为了办一件小事情。或许，她只是想找个借口走出家门，在商店里独自待上一小会儿，身边没有发脾气的小孩。回顾过去，我发现身为母亲，我们在平衡之道上的行为非常相似。虽然居住在城市意味着我能更好地享受交通和服务，但对于我那点儿需要应付这么多要求的时间来说，这很难说是一个万能的解决方案。

较为富裕的家庭通过雇佣低工资的劳动力来解决这些矛盾。当家庭自身无法应对，或者国家拒绝帮助（例如，提供负担得起的幼儿保育）时，移民、女性和有色人种男性承担了社会再生产的外包工作。作为一名研究生，伴侣在收入不高的蓝领行业工作，我没有太多的钱用以支付有偿服务。即便如此，在所有这些杂事所耗费的时间和精力让我疲惫不堪时，我们还是找到理由欠了更多的信用卡债务，用来支付送货服务和交通卡等额外开支。支付玛蒂的各种活动花费并不只是为了充实她的生活内容；这些活动也起到了帮我照看孩子的作用，我可以在泳池走廊里偷得三十分钟来写学校作业。我的自我充实——完成高等教育——有一部分要依靠其他的低报酬劳动力（送货员、幼儿保育员）的助力，这让我领悟到，缺乏养育工作的公共基础建设加深了女性之间的不平等，因为我们为了维持自己的生计而参与了多层次的剥削。

43

这种不平衡影响了全球，重塑了世界各地的城市母亲的生活。由于较为富裕的工作女性对家政护理需求的增加，跨国的女性移民被招募来填补这一护理劳动力的缺口。在新加坡，这个城市国家正努力成为世界领先的金融和通信中心的全球化城市，而来自菲律宾和印度尼西亚的家政工人使得新加坡女性也能够参与其中。女性主义地理学家杨淑爱（Brenda Yeoh）、黄瑞莲（Shirlena Huang）和凯蒂·威利斯（Katie Willis）指出，和许多其他城市一样，在外工作的新加坡女性一直没能把足够多的家务和育儿的职责转移给男性分担，这使她们不得不依赖外国家政女佣，往往还是不情愿的。[67]

在加拿大，成千上万的女性——其中大多数是母亲——从菲律宾或加勒比海地区这样的地方来到加拿大，作为临时移民从事保姆、管家和家庭护工的工作。女性主义地理学家杰拉尔丁·普拉特（Geraldine Pratt）对温哥华等城市的菲律宾移民进行了长期的研究，重点关注了失去和分离的情形，母亲们把孩子留在家乡——有的长达数十年之久——去照看加拿大的孩子。在家乡，她们的孩子由丈夫、祖父母、亲戚或邻居东一家西一家照顾养大，造成令人心碎的情感疏离，或许永远无法弥补。普拉特描述了在加拿大的我们是如何看不见菲律宾移民以前的生活的，她们和丈夫以及孩子的分离只是"隐而不见的存在"，我们对她们劳动的依赖迫使我们忘记了这一点。[68]

当我的婚姻走向终点时，这种需求越发迫切了。玛蒂在她爸爸家度过的那些夜晚并不是特别地安生，接送孩子意味着更多的公共汽车行程，要指望一套并不可靠的系统的准时，并避免激怒父母中另一方的额外压力。如今，多出来的事项和花费还包括去见律师和顾问、法官以及社会工作者。我绞尽脑汁地盘算，在照料和辅导玛蒂的同时，我怎么样才可能去每个我必须去的地方。我正在写学位论文，还要在三所不同的大学讲课，在我原本就效率低下的日常出行方式上，又增加了昂贵的灰狗巴士和通勤火车。

有几次，玛蒂不得不独自待上一小段时间，或者她自己往学校走上半程，再和伙伴会合。我们家庭安排的缺口越来越大了。回想起来，我真的不知道我是怎么对付这一切的，还都没有遇上三灾六祸。当然，受过教育、白人、顺性别，我的这些特权让我们所有人都还过得去，但还不能让我免受国家日益增加的监管，比如社会工作者要求给玛蒂提供的服务。他们当然不提供这种服务。那是我的事情。我切身体会到国家是如何把负担转嫁给母亲的，而社区和城市给予我的支持又是多么地微不足道。

令人真正恼火的是，我这样的情况已经司空见惯。传统的核心家庭也不再是常态。城市里充满了混合家庭、离婚和再婚所带来的复杂亲属关系、单亲父母、酷儿伴侣、多角恋家庭、领养家庭、有移民成员的家庭、无亲属关系的合住家庭、多代同堂的家庭、空巢家庭等等。但如果你只看我们的城市和郊区是如何进行功能设计的，你并不会发现这一点。

理想的情况下，所有这些多样化的亲属关系网都可以为用创造性的、甚至是女性主义的方式共同承担社会再生产、照顾和养育孩子打开可能性。然而，要做到这一点，我们的社区和城市必须给予支持。在高层公寓楼中大量地建造

45

一室或两室的小型共有公寓，这造成了家庭经济适用房的短缺。拥堵的道路和昂贵的交通系统也让孩子们很难往返于亲眷的家，还要加上去学校、日托和参加活动。对许多父母来说，缺乏稳定的全职工作，意味着要尽力应付不稳定的工作需求，还有可能为了获得一份合适的工作被迫离开方便的社区。士绅化将单亲父母、低收入人群以及可负担的服务拒之门外，使得亲戚分散在城市各处。

没有性别歧视的城市

尽管各式各样的亲人和同住人家庭的多样性在某种程度上或许是新奇的，但近在 20 世纪 80 年代和 90 年代，远至 19 世纪晚期的北美，人们就有了创建将保育工作共同化、便利化的住宅甚至是整个街区开发的想法。海登的著作《伟大的家庭革命：美国家庭、社区和城市的女性主义设计史》（ *The Grand Domestic Revolution: A History of Feminist Designs for American Homes, Neighborhoods, and Cities* ）详细描述了早期的唯物女性主义者设想的乌托邦计划，有的甚至是付诸实践的家庭和社区，她们主张家务和育儿必须社会化，并且统合在新的空间规划里，推动女性进入劳动力市场，与男性平等，并促进智力发展。[69]"没有性别歧视的城市"的愿景通常关注住房问题，认为核心家庭的住宅是非常低效的劳动力利用方

46

式，它使女性被束缚在家里，几乎没有时间和精力去追求其他事务。[70]允许家庭分担烹饪、清洁和养育孩子的住宅开发是女性主义设计的共同特征。韦克勒指出，20世纪70年代和80年代，在第一波新自由主义的浪潮中，加拿大各地的城市已经在联邦削减住房补贴之前建造了各种各样的合作住宅开发项目，关注有特殊需求的低收入人群，如单身母亲、老年女性和残障女性等。[71]这些范例提醒我们，已经存在可供选择的方案，没有性别歧视的城市的一些设想已经实现。

我开始读硕士学位的时候，孩子还不到一岁，而且没办法负担日托费用（补贴名额的等候名单极其夸张），我拼命挤出时间来完成我的学业。幸运的是，我遇到了安妮可（Anneke）。我们在一起上课，发现我们都有很小的宝宝要养育。我开始每周两次带玛蒂去安妮可家，我们轮流照看孩子，就有一个人就可以离开几个小时去学习，我愿意称之为"城市最小的保姆合作社"，它所给予的一点点额外的时间产生了巨大的改变。当时，我以为我们只是够幸运而已。我并没有意识到，城市里的母亲和其他养育者想出这样巧妙的照看孩子的安排由来已久，我们只是这个传统的一部分。自19世纪以来，这些"将就对付"的创造性做法为女性主义城市介入提供了材料。

城市和郊区对母亲以及其他养育者并不友善，尽管对这种情形的尖锐批评已经持续了数十年，但同样的问题仍然存在。在新自由主义时期，大多数针对这些问题的"解决方案"都是以市场为基础的，这就意味着它们需要有能力支付额外的服务、便利措施和其他人的低酬劳动。郑重地对待育儿工作，重新想象和重新改造建成环境以及其他城市基础设施，这方面仍然少有变化，尤其是在北美的城市。[72]

在欧洲，城市规划和预算决策采用"社会性别主流化"① 方式的历史要更悠久。本质上，这些架构意味着每一项规划、政策和预算决策都必须以性别平等的目标为出发点来考虑。例如，政策制定者必须问一问，一项决定无形中会如何加强还是削弱性别平等。这些方式也促使城市去考虑其决策是支持还是妨碍了真正维持社会运转的育儿工作的。

维也纳市政府在教育和卫生保健等几个领域采用了社会性别主流化的做法。但它对城市规划产生了深远的影响。[73] 与世界各地的女性经验相似，也与我的经验重合，在对一项1999 年的交通调查问卷中，女性讲述了她们平衡育儿和有偿工作的复杂的出行："有些早上我带孩子们去看医生，然后送他们去学校，我再去上班。随后，我替母亲买些食品杂货，坐地铁带孩子回家。"[74] 对交通工具的使用勾画了男性和女性在使用城市服务和空间上的巨大的差异。维也纳通过

---

① 社会性别主流化（gender-mainstreaming），也译作"性别平等主流化"，指一种旨在改变不平等的社会和体制结构，使之对男女双方都平等和公正的战略。

重新设计区域，促进行人的流动性和可达性，提升公共交通服务来应对这一挑战。这座城市还创建了女性主义设计师所设想的住宅开发项目，包括就地儿童托管、卫生保健和便捷的交通。以人人都能平等地获得城市资源为目标，维也纳社会性别主流化的做法正在"真正地重塑这座城市"。

48

　　以性别为中心的规划并不局限于全球富裕的北方城市。全球南方超大城市的非正规定居点（informal settlements）女性也在为重新规划城市而努力。面对诸如贫穷、缺乏安居保障、恶劣的公共卫生以及几乎为零的性健康与生育健康服务等严峻的挑战，女性往往联合起来组成集体组织，帮助她们改善经济机会，呼吁保障住房和居住权。例如，纳米比亚棚户居民联合会（Shack Dwellers Federation of Namibia）就是一个集体组织，"向其成员提供居住权和住房的共有保障，从而提高女性获得更好的公共服务和创造收入的机会"。[75] 普拉巴·科斯拉（Prabha Khosla）把"性别敏感①的棚户区改造"确定为一个行动领域，认为必须把女性纳入决策者的行列，确保女性获得可负担的土地，并且靠近工作地点和基本服务设施。

　　性别主流化正慢慢地进入更多的城市。最近，新闻媒体

---

① 性别敏感（gender-sensitive），在城市规划中指考虑、照顾和全面满足不同性别、不同年龄、不同群体对空间的不同需求的一种做法。

报道了一些加拿大和美国的城市在他们的铲雪预算和日程安排中使用了性别分析，这似乎很搞笑。[76]虽然公平地说，积雪并不歧视谁，但优先清扫哪些路段和区域的决定，与城市里哪些活动更受重视息息相关。大多数情况下，城市首先清扫通往市中心的主要道路，最后才清扫居民区街道、人行小道和学校区域的雪。相比之下，因为认识到女性、儿童和老人更有可能步行、骑自行车以及搭乘公共交通这一现实，斯德哥尔摩采取了"性别平等的铲雪策略"，优先铲除人行小道、自行车道、公交车道、日托所等区域的雪。此外，由于孩子们需要在上班之前下车，所以有必要早点清扫这些路线。斯德哥尔摩的副市长丹尼尔·赫尔登（Daniel Helldén）向加拿大的媒体描述了这个规划，认为不再把汽车通行作为清扫积雪的重点，斯德哥尔摩的这一做法鼓励大家使用其他可替代的交通方式。他们的规划不是维持现状，而是指向"你希望你的城市成为什么样子"。[77]

社会性别主流化有其局限性。例如，维也纳的市政府官员指出，在有偿和无偿工作两方面，都存在一种强化既有的性别规范和角色的危险。[78]又比如，在首尔，从"高跟鞋友好"的人行步道到女性专用的"粉红"停车位等面面俱到，但这些使女性通勤变得更容易而进行的种种尝试，并没有获得国家为平衡家务劳动和育儿劳动不平等而制定的配套措施。[79]把性别作为平等的首要范畴也是片面的。虽然典型的城市公民常常被狭隘地想象为白人、顺性别、身体健全、中产阶级、异性恋的男性，但性别规划中对女性的想象同样是局限的。一位已婚、身体健全、有一份粉领 ① 或白领工作的母亲往往会被想象为性别敏感规划的受益者。在大多数当代城市，这位女性越来越代表了少数群体，这意味社会性别主流化并未能满足多数群体的女性的需求。

中心城市以外的出行可以说明这些差异和它们的空间构成。开始读博士学位时，我乘坐基尔大街（Keele Street）公共汽车往返约克大学（York University），路上经过低收入的、少数族裔的社区，很显然，在那里加诸母亲身上的种种要求更加离谱。虽然严格地说来还是在城市里，但在这些社区，能步行即到的提供全方位服务的杂货店几乎不在可选择之列，而搭乘公共交通意味着在三九严寒或烈日炎炎里毫无遮挡地等待很难到达、不可预测的公共汽车。满足日常所需就等于是在商店和路边商场跑上好几趟。这些母亲趁着宝宝小睡片刻找到三十分钟时间在星巴克看论文的可行性微乎其微。

50

地理学家布伦达·帕克（Brenda Parker）以令人信服的笔触写下了低收入非洲裔美国女性在密尔沃基 ② 的经历。[80]

---

① 粉领（pink collar），指从事护理、清洁、秘书等传统由女性担任的职业，在社会学领域指女性从事次要职业。

② 密尔沃基（Milwaukee），位于美国威斯康星州东南部，密歇根湖西岸。

帕克认为，士绅化和城市社会服务的削减给这些女性的日常生活和工作带来了"放大"和"强化"的影响，这些影响以疲劳、疾病和慢性疼痛的形式刻画在她们的身体上。在城市里穿行不仅仅是由于对付暗藏危险的楼梯和过于拥挤的交通而感到疲累。这些不方便还叠加在那些耗费时间以及精力的事情上，"奔走于政府和'影子'提供的选项之间，如前往食品分发点和教堂；会见社会工作者、教师和食品券办公室；以及在政府机构和卫生诊所没完没了的等待"。[81]

再加上时间过长、工资极低的工作日，这样的劳作意味着即便是为人父母的基本职责和乐趣也变得遥不可及了。帕克的一位受访者"奥得拉"①分享了她的经历："由于你每天都要为一份八小时的工作花上十四个小时的时间，因此等你回到家里时，你就太累了，没法替他们辅导功课。"[82]士绅化只会加剧这种挣扎。低收入、受到种族歧视的女性更容易流离失所，被迫搬到服务不足的地区，在那里，城市生活的优越性——与就业、学校、服务、零售、交通等场所的联系——显然被削弱了。

这些地区也可能存在空气污染和水质污染等问题，这会进一步影响母亲的工作。城市环境地理学家施裘莉（Julie Sze）写到了贫困社区有色人种孩子呼吸系统疾病的高发病

51

————

① 奥得拉（Audra），原文打上引号，疑为化名。

率，那里的母亲们把主要精力都耗费在了紧迫的哮喘防治上。[83] 在弗林特市饮水危机 ① 的背景下，努力找到可供饮用、清洗和沐浴的水不过是又一个例子，更不用说照顾铅中毒孩子的辛苦了。由于育儿的士绅化，母亲的工作变得越发昂贵，那些负担得起私人服务的人享受到了好处，而那些无力承受的人则被迫搬到了让她们的生活更加艰难的社区。

在密尔沃基，基于种族而划分的城市地理位置也影响了母亲就近找到好工作的能力。对南非约翰内斯堡的母亲的研究发现，种族隔离制度的遗留问题以及残存的种族地理区隔仍然影响着城市里母亲们在家庭、工作和学校方面的选择。种族和阶层的地理位置所对应的学校质量的巨大差异，意味着许多母亲不得不考虑搬离住处，迁往好学校覆盖的范围内，即便这等同于失去了就业机会和家庭的帮忙。充满危险的公共交通系统也意味着母亲们不愿意让孩子一个人走，这使得她们不得不在工作、家庭之外还要兼顾往来学校的出行。[84]

由于缺乏城市政策和基础设施对生活的支持，低收入女性必须设法把育儿和有偿工作结合起来。在帕克对密尔沃基的研究中，女性"上班开公交车时带着宝宝；……两三个

---

① 弗林特市饮水危机（Flint water crisis），2014 年美国密歇根州弗林特市由于更换水源而引发的包括铅污染在内的饮水危机，直至 2016 年才最终确认污染确实存在，造成极大的损失。

家庭合住在一间只有一个或两个卧室的公寓里，这种情况不算少见。在那里，女性互相照看孩子，与此同时有一个人通过有偿劳动来'供养'家庭"。[85]在约翰内斯堡，女性有时候会作出令人心碎的决定，让孩子和亲戚住在一起，因为她们生活和工作的场所选择有限，阻碍了她们让孩子们享受便利设施和优质学校的能力。像贝尔·胡克斯和帕特里夏·希尔·科林斯这样的黑人女性主义作家一直在述说这种策略，她们认为黑人女性的社会再生产工作大多遭到国家的惩罚措施，如孩子被带走，或者受限于"工作福利"制度。[86]围绕家务劳动展开的女性主义活动通常以白人、异性恋的已婚女性为中心，忽视了有色人种女性的特殊需求和关切。

虽然把低收入有色人种的生存策略浪漫化是很危险的，但她们的办法和抵抗策略促使女性主义者去思考超越社会性别主流化。在《城市黑人女性和抵抗政治》(*Urban Black Women and the Politics of Resistance*)[87]一书中，津泽利·伊索克（Zenzele Isoke）探讨了黑人女性如何在她称之为"被鄙视"的城市纽瓦克（Newark）抵抗和重建城市空间以及城市政治的意义。伊索克认为，面对社区投资的长期匮乏和严重的国家暴力，纽瓦克的黑人女性采用在城市里"建设家园"的做法来重置一个"充满敌意和极度种族化的景观"。[88]在这里，"建设家园"意味着"创建家园场所来肯定非洲裔美国人的生活、历史、文化和政治。家园场所是黑人女性创建的政治空间，用来表达对彼此、对社区的关怀，用来记忆、修正以及复兴黑人政治抵抗的脚本"。[89]关怀的城市政治不仅依托场所来实现，也作为"一种积极的、**集体的努力**，致力于物理的、象征的和关系的转变"。[90]

作为一项以国家为中心的、"单一议题"的策略，社会性别主流化只能让我们走这么远。让我们面对现实吧，过度依赖国家进行彻底的变革是浪费时间，甚至对黑人、原住民和有色人种来说可能是危险的，因为他们被认为是可以牺牲的，或者被当作了"发展"的城市里有待解决或处理的"问题"。伊索克的研究揭示了不同的社群之间形成联盟与种族主义、性别歧视和同性恋憎恶斗争的力量，以此"对抗和改变城市压迫的结构上的交叉性"。[91]我希望城市指定政策，创建空间，使得育儿和社会再生产更有集体性，不那么令人精疲力竭，更加公平合理。然而，我知道我们必须寻找对城市空间和社区的更深刻的变革和更广阔、更自由的想象，在这些空间和社区，已经在实践打破有偿和无偿工作、公共和私人空间、生产和社会再生产二元对立的关怀方式。

作为一名城市女性，怀孕和养育孩子唤醒了我的女性主义城市意识。虽然在城市的大街上遭受性骚扰的经历对我来说不算新鲜，但社会和空间形式的排斥紧密交织的运作——建成环境和社会空间冲突和混合的方式——忽然变得有形了。我能居住的城市主体性的限制是无比明确的。匿名性、

53

隐形性和归属的界限是鲜明的。性别具身性的显性形式对我日常生活的影响是紧迫的。在这种背景下，母亲身份对我来说是一种催化剂，它通过愤怒、沮丧、失望，以及偶尔的喜悦，让我渴望想象女性主义的城市未来。

"关怀充分"的城市未来会是什么样子的？有色人种女性、残障女性、酷儿女性、单身女性、女性抚养者、老年女性、原住民女性，尤其是那些身份交叉的女性，未来是基于这些人的需求、要求和渴求？显然，从住房设计到交通策略，从社区规划到城市分区，是时候不再以异性恋、核心家庭为这一切的中心了。这也意味着城市规划师和建筑师不能把白人、身体健全、顺性别的男性作为默认主体，并且想象其他所有人都是这标准的变体。相反，边缘必须成为中心。虽然，一位住在近郊的年老寡妇和一位租住在士绅化社区的低收入同性恋母亲，她们的生活看起来是不同的，但使其中一位更能获得城市服务和便利设施，这样的介入措施很可能让另一方也受益。便利的交通、平整的人行道、经济适用的住房、安全干净的公共浴室、临近社区花园、可维持生计的最低工资、可供做饭之类的共享空间，这些都可以减轻许多家庭的负担，更不用说有助于实现包括环境可持续性在内的其他重要目标。

女性主义城市必须是这样一个地方，物理的和社会的障碍都会被拆除，而所有的身体都会受到欢迎和包容。女性主义城市必须以关怀为中心，不仅仅因为女性仍然主要负责养育的工作，而是因为城市有可能更加均等地分配养育工作。女性主义城市必须关注那些女性一直用以互助的创造性手段，并找到把这种互助融入城市世界的结构中去的方法。

CHAPTER TWO

第
二
章

友
谊
之
城

当《欲望都市》(*Sex and the City*)在 1998 年首播时，它是
第一部既刻画了女性友谊，又反映了女性城市生活的主流大
制作电视剧。虽然纽约城恰如"第五个朋友"的说法很快就
成了老生常谈，但毫无疑问，观众明白这个情节设置不仅仅
是一个背景。正是纽约的文化、活力、危险、刺激、成本、
机会和失落，明确地塑造了凯莉、米兰达、萨曼莎和夏洛特
的爱情、事业、家庭和友谊。有时候，城市生活会使得她们
友谊的纽带变得紧张。米兰达为了她越来越庞大的家庭能住
得下，从曼哈顿搬到布鲁克林时，她就确信再也见不到她的
朋友们了。另外有些时候，来自城市的挑战则提供了互相帮
助的机会。当凯莉的出租公寓变成合作公寓 ① 时，她付不起首

――――――――

① 合作公寓（co-op），住户只拥有使用权和股权，没有独立产权，在出
租上受限制。

付。不久前分手的夏洛特把蒂芙尼订婚戒指送给了她，这样凯莉就可以留在她喜爱的家里了。尽管这四位朋友和她们优渥的生活方式不能代表大多数城市女性，但她们虚构的、有时甚至是匪夷所思的故事情节，借助一系列有关"打拼"的现代城市女性故事，使得聚焦女性友谊的文化时刻成为可能。

在文化叙事中，女性友谊的力量通常要么被低估、被削弱，要么被忽视。很少有讲述女性友谊在城市生活中重要性的例子。尽管有许多不足，《欲望都市》却从未偏离它的中心主旨太远：当生活里的其他种种要把她们拖下水时，友谊是让每一个角色浮起来的救生筏。对于相对平凡的女性来说，友谊也是城市生存工具包的一部分。尽管女性的友谊常常被忽视，人们总是更偏向于关注浪漫的伴侣关系，但它在很多方面是女性依赖的强大力量。与其他女性的友谊同样塑造了女性参与城市本身的方式。

友谊作为一种生活方式

在《女性主义者煞风景笔记》（*Notes from a Feminist Killjoy*）中，文学学者埃琳·温克（Erin Wunker）探讨了女性友谊的可持续性和可转换性。她问了一个颇具挑衅的问题："把女性友谊当作**一种生活方式**会是什么样的？"[92] 比起那些无视女性的友谊，只关注浪漫的爱情、家庭生活和戏剧性生活事

件的电影、电视剧和图书，强调女性友谊复杂性的作品要罕
见得多。友谊沦落为陪衬，成为简单的情节或角色设置，并
推动真正的剧情发展。温克想知道，如果我们拒绝"这些对
女性友谊的陈述，不再让这些描画将女性友谊置于看不见之
处或者剥夺其全部可能"，又会发生什么呢？[93] 我想知道，
当我们把女性友谊视为不重要的、可有可无的时候，我们又
在城市里失去或者忽略了哪些生存之道呢？

　　"女性友谊作为一种生活方式"这个说辞引起了我深深
的共鸣。尽管我的成年生活包括了对事业的全心投入、抚养
孩子、结婚、离婚、各种罗曼蒂克的一见倾心，外加搬到另
外一个省份，但我与其他女性的友谊一直牢靠、始终如一，
有时甚至在种种互相冲突的要求中最为优先。我的两个主要
的"闺蜜死党"造就了今天的我，我无法想象放弃她们。其
中一位到现在已经持续了差不多二十五年，比任何一段关系
的时间都要长，也比我成为母亲以及开始工作要早。当我想
象退休的场景时，我看到的是她们的脸。温克也反思了她从
友人这里获得的支持、知识、关心和充满善意的批评，并且
把女性之间的友谊描述为"构造世界"①。在酷儿理论中，构

57

————————

① 构造世界（world-making），美国分析哲学家纳尔逊·古德曼
（Nelson Goodman）提出的理论，认为世界是由我们使用各种不同的文字
和非文字的符号系统而构造出的各种世界样式所构成，哲学、科学、艺术
等都是服务于不同目的的构造世界的方式。

造世界包括了创造性的、颠覆性的、乌托邦式的，有时甚至是失败的表演、实践、关系和想象，它们不仅挑战了异性恋和同性恋、公共和私人等结构，还在已经勾绘的路径之外，描画了怪异的、反叛的、**另外的**世界。[94]构造世界意味着想象和创造空间的过程，在那里事物以**另外的方式**呈现。我认为，把女性友谊当作生活方式，这是一种构造世界的活动。

很多时候，女性友谊被误解为浪漫的异性恋或隐蔽的女同性恋的次一等的替代品。当然，女性友谊成为实际上的、不能公开的女同性恋的挡箭牌，这个历史由来已久，还常常是秘而不宣的。但即使其潜台词并不是女同性恋，亲密的女性友谊也有可能被视为浪漫的伴侣关系的替代品，或者用来填充那些浪漫伴侣（尤其是男性的浪漫伴侣）无法提供的东西。温克担心，"重复使用一个故事情节——爱情故事——意味着把这个故事情节关联的所有陈腐的东西都拉扯到你身上"。[95]在文化上，我们似乎缺乏一种语言，能充分阐明女性友谊的特质和共性，而不是依靠借来的语汇和错误的分类。

更大的问题是，流行的叙述在两种刻板印象之间摇摆，要么是刻薄的、嫉妒的、永远在失去理智边缘争吵的友谊，要么是过度夸张的、令人担忧的、神秘而不可知的友谊。温克认为后者创造了一种"围绕着女性友谊话题的密不透风的压力"。[96]在畅销散文集《不良女性主义的告白》(*Bad Feminist*)中，罗克珊娜·盖伊（Roxane Gay）恳求读者"抛弃一切女性友谊都必定是刻薄、恶毒、争强好胜的文化迷思。这种迷思就像高跟鞋和钱包——漂亮，但却是为了让女性慢下来而设计的"。[97]盖伊为女性友谊制定了十三条规则，旨在摧毁那些在我们之间筑起高墙、并不断地削弱我们建立联系的有害迷思。如同她在第一条规则中指出的，这些迷思只是为了拖慢女性的脚步：它们把我们困在竞争里，由于恐惧、嫉妒和不安而彼此疏离。它们阻止我们联合起来，不让我们意识到可以改变世界和我们自己的友谊的力量。

一眼看去，意大利作家埃莱娜·费兰特（Elena Ferrante）广受好评的那不勒斯四部曲对叙述者埃莱娜和邻居莉拉之间数十年复杂友谊的详细描述，似乎延续了神秘而令人担忧的女性友谊的迷思。然而，这个故事里充满了这样的时刻——女孩们（最终是女人们）把友谊当作构造世界的力量。这种力量使她们能够挑战由传统的性别期待、贫穷和复杂的政治气候所凝成的生活禁锢。在四部曲的第一部《我的天才女友》（*My Brilliant Friend*）中，年轻的朋友们逃学，从她们沉闷的那不勒斯工人阶级城区前往海边。路途漫长，不过叙述者埃莱娜并不畏惧：

59

当我想到获得自由的快乐时，我就会想到那一天的开始，从隧道里出来，发现我们正在一条笔直的大路上，一望无际……如果你走到尽头，你就会抵达大海。

> 我感到一种走向未知的喜悦……我们走了很久，路两边
> 矮小的杂草肆意丛生，墙壁摇摇欲坠，低矮的房子里传
> 来带有口音的说话声，有时候是叫嚷声……我们牵着彼
> 此的手，肩并肩地走着。[98]

勇敢地面对陌生的情境，寻求全新的体验，渴望品尝大海的气息，一睹费兰特所特指的"城区"以外的世界，两个女孩对父母撒谎，一无准备地奔向了未知。莉拉和埃莱娜的天真以及彼此间的依赖让我想起了很多时刻，我和朋友们不顾父母的吩咐，一头扎进我们自己的城市去冒险。

十五岁的时候，我和朋友萨莉偷偷溜去市中心，在当时的布卢尔影院（Bloor Cinema）看午夜放映的《洛基恐怖秀》（*The Rocky Horror Picture Show*）。我父母不在城镇里，而我本该在萨莉家过夜的。在电影放映嘈杂的现场秀的某个时刻，我们不见了剩下的钱，因此也掉了我们回到郊区家里的车费。灯光一亮起来，我们就在影院黏糊糊的地板上找了好一会儿，意识到我们不太走运，便走入了多伦多春天凌晨两点的寒冷空气中。我们相信这座城市无论怎样都能让我们过得去，于是决定向央街① 走去。我们估计萨莉口袋里剩下的

60

---

① 央街（Yonge Street），多伦多一条著名的商业街，也是吉尼斯认证的世界上最长的街道。

差不多两块钱够我们买一杯热巧克力，在一家24小时营业的咖啡店里坐一坐。到早上，我们会步行去联合车站（Union Station）偷偷搭上一辆通勤火车，我们可以在那里碰碰运气，不会有检票员经过。虽然丢了钱我们很恼火，但我们的态度很就事论事。我们在一起，没有什么可害怕的。

差不多过去了三十年，细节已经模糊不清，不过我记得我们并没有像我们希望的那样直接到达央街。我们搭车去了错误的方向，然后和两个住在城里的十几岁男孩聊了起来，显然他们父母的监管也不到位。我们四人一帮，那个晚上余下的时间里就在央街逛来逛去，坐在咖啡时光（Coffee Time）和麦当劳里，偷偷溜进办公大楼，我们可以藏在那里的楼梯间。一个无家可归的艺术家在咖啡店为我们画了肖像；我们打断了一对从俱乐部出来的夫妻的争吵；我们去了我们最喜爱的音乐会场地——共济会教堂（the Masonic Temple）——坐在小花园里谈论我们最喜爱的乐队。早上，我们的新朋友为我们买了地铁代币，似乎是出于某种责任，而不是真的有兴趣，他们要了我们的电话号码，然后挥手作别我们西行的火车。

后来，整个晚上都感觉像是在做梦，一个除了我和萨莉谁都不会相信的荒诞故事。我们当然不能告诉父母或兄弟姐妹，很快的，这整个奇遇之夜就变成了我们的秘密。我们很少谈起这个晚上，高中之后我和萨莉各自走出了对方的生活，我几乎没有再想起过它。等它重新回到我脑海里，我不得不怀疑这一切是不是我想象出来的。但我仍然保留着那张我们从流浪艺术家那里买来的匆忙画下的肖像，是在麦当劳餐盘垫纸的背面用黑笔勾勒的，拿胶带贴在我那时的日记里。

回到虚构的那不勒斯，莉拉和埃莱娜的探索最终没有把她们带到海边。当女孩们到达城区边界时，事情发生了变化。她们进入了一片"废墟的景观"，到处都是垃圾和冷漠的陌生人。天空变暗，随着一声雷声，又被劈开。在莉拉的要求下，她们奔逃回家。埃莱娜的父母焦急万分；他们打了她。埃莱娜怀疑，莉拉是不是从一开始就有意让这次远征失败（友谊是很复杂的，还记得吗？）。无论如何，她们雄心勃勃的冒险并没有按照计划进行。但埃莱娜感觉只要莉拉一直在她身边，她的视野就比以前想象的要宽广得多。[99]

我和萨莉设法对父母隐瞒了全部的真相，虽然关于我们在哪里过夜，我父母听信的是一个比较无关紧要的谎话，但我还是被狠狠地呵斥了。不论是责骂，还是这个夜晚本身的荒唐，都未能阻止我们以后的出格行为。我知道，作为一个理智的成年人，回首往事，我应当这样说："这太荒谬了！我们那个时候在想什么啊？我们没被杀害可真是个奇迹！"相反，我忍不住把它看作这样一个时刻，我们年轻的友谊让我们以全新的方式来体验这座城市，试探我们的极限，并且感受到这座城市可以是我们的地方。掌握我们自己生活，这样一些时刻之所以成为可能，是因为我们从未质疑过我们可以彼此依靠。我们知道没有人会被拉下或告密。友谊使我们有可能在城市里获得自由。反过来，城市街道使我们的纽带更加密切。这也不仅仅是因为我们反抗并打破了规则。在夜晚占据城市空间——由于社会规范和性别歧视对行动的限制，女孩在通常被排斥在外的时间里使用城市空间——这是一个构成性的，甚至是变革性的经验。

62

女孩城

我们在城镇的夜晚并不是你会在电影或电视剧里看到的那种少女故事。女性主义地理学家艾莉森·贝恩（Alison Bain）在对 20 世纪 80 年代和 90 年代主要青少年电影的研究中发现，电影复制了"女孩文化只局限于卧室的观念"。[100] 在这些流行的电影中，包括《开放的美国学府》（*Fast Times at Ridgemont High*）、《独领风骚》（*Clueless*）、《16 枝蜡烛》（*Sixteen Candles*）和《希德姐妹帮》（*Heathers*）等，虽然半私立学校的卫生间也常常出现，但卧室是表现友谊和女孩之间交流片段的主要场所。在公共空间，尤其是城市公共空间，女孩则被刻画成外出约会或参加公共活动时的男孩的"附属物"。城市空间往往完全缺席。贝恩发现"很少有电影会把十字路口或街头角落当作女孩的聚集点"，除了《恶女帮》（*Foxfire*）这样的电影，女孩对男性暴力和社会控制的反抗是其明确的主题。[101]城市似乎不是主流电影人想象中女孩们彼此交流、建立关系和要求拥有空间的场所。

或许并不奇怪，这些电影很少表现青少年社会群体中的种族或阶级多样性，总是以白人角色为中心。种族的不可见透露了我们所想象的存在多样性的地方：并不在家里的私人空间，也不在富裕的郊区。聚焦黑人和拉丁裔女孩以及她们友谊的电影似乎更可能设置在城市里，如 2016 年的《抽搐症候群》（*The Fits*，辛辛那提）和 2000 年的《豆蔻之歌》（*Our Song*，布鲁克林）。《豆蔻之歌》中的女孩们与日常城市问题所作的斗争，都是有色人种女孩要面对的：她们因石棉问题而关闭的高中，生活在暴力犯罪的威胁中，缺乏负担得起的卫生保健。她们试图通过军乐队来保持彼此的联系，但她们仍需面对环境可能使她们分离的将来。

在电影之外，女孩和年轻女性的需求与渴望在建筑和规划中几乎被完全忽视。当社区倡导"青少年空间"的时候，他们建议的空间类型是滑板公园、篮球场和冰球场。换言之，这些空间考虑的是把男孩作为用户，而女孩很难进入、接受并且感到安全。当瑞典建筑公司怀特建筑设计事务所（White Arkitekter）找十几岁的女孩来为公共空间设计比例模型的时候，女孩们提出了"面对面坐在一起的场所，能够遮风挡雨，可以看到但没必要被看到【原文如此】，一种不受拘束的亲密感；最重要的是，能够在城市里留下印记"。[102]

尽管女孩们的需求缺乏关注，但她们**确实**通过各种创造性的方式使用城市空间。地理学家玛丽·托马斯（Mary Thomas）研究了女孩怎样使用城市的公共空间，探询她们是如何通过在各种消费空间"闲逛"的方式来抵制同时也再生产了性别规范的。[103]女孩比男孩受到更多的空间限制，很难找到地方玩要。她们必须制定自己的策略，避免成年人的监督，得到许可去探索，包括利用友谊的力量来降低父母对女孩独处的恐惧。女孩们甚至可以一起合作，直接向城市要求权利。比如，河内（Hanoi）的女孩组成了一个团体，创办了一份"电子杂志来教导公交车司机和乘客有关女孩的"安全问题，避免在公共交通上的骚扰。在坎帕拉（Kampala），一个青年团体致力于改善城市卫生状况，提供更多的适合步行的基础建设，确保女孩能够继续上学或工作。[104]

真正打破女孩不主动参与和标记城市空间这个观念的是1996 年的电影《女孩城》(*Girls Town*)，由《豆蔻之歌》的吉姆·麦凯（Jim McKay）导演。[105]或许有点讽刺的是，我是一个人看这部电影的，走出影院的时候我已经跃跃欲试，要找到我的女孩们，用一根棒球棍来打破父权制。海报上的广告语写着："这并不是 90210①。"与 20 世纪 90 年代流行的电

64

---

① 90210，美国洛杉矶比弗利山的邮政编码，此处指电视剧集《飞越比弗利》。

视剧《飞越比弗利》（*Beverley Hills 90210*）呈现的优越且夸张的青少年生活截然不同，《女孩城》里的女孩们挣扎于家庭虐待、男孩暴力、贫困生活、青少年父母和看似黯淡的未来之间。比起《飞越比弗利》，《女孩城》的演员更加种族多样化，剧中的角色生活在工人阶级居住的未明的市中心街区，与罗迪欧大道①毫无相似之处。从《女孩城》与《飞越比弗利》相比之下刻意的区别，也可以看出它们对女性友谊的刻画截然不同。

虽然有例外，但《飞越比弗利》里的友谊往往还是落在嫉妒、阴险、势利和刻薄的修辞中。像布伦达和凯莉这样的角色经常既是盟友又是敌人，她们不断地为了男孩、人气和地位展开竞争。《女孩城》不一样，看到年轻女性被描绘成对彼此极度忠诚的样子，我感到十分震惊。莉莉·泰勒（Lily Taylor）、布鲁克琳·哈里斯（Bruklin Harris）和安娜·格雷斯（Anna Grace）饰演衰退的锈带城市②里的高三毕业生，电影讲述了三个女孩在她们的朋友尼基自杀后倍感困惑，她们试图搞清自杀的真相，发现尼基曾被强奸。在三个人追踪这个新发现的事实时，艾玛（格雷斯饰）透露她最

---

① 罗迪欧大道（Rodeo Drive），位于比弗利山，是洛杉矶著名的高档商业街。

② 锈带城市（rust belt city），源自美国中西部和东北部五大湖地区，现泛指工业衰退的城市。

近在一次约会时遭遇了性侵犯。被愤怒和悲伤激起的朋友们发誓要对那些欺凌过她们的男人复仇。她们互相扶持，努力应对日常生活中的挑战，尽力摆脱看似毫无出路的环境。

女孩们通过在墙上涂抹尼基记忆中的一幅画首次占据了空间。涂鸦通常与年轻的城市男性联系在一起，但在这里，是年轻女性占据了城市的一部分，创造了一座纪念碑，以此拒绝忘却导致尼基自杀的性侵犯。然而，创作涂鸦并没有平息她们的怒火。艾玛的朋友帕蒂（泰勒饰）和安杰拉（哈里斯饰）埋伏在她们经常会去的棒球球员休息区（又一个典型的男性主导的空间），她们认为强奸艾玛的人——一个高中生——不能就这么不受惩罚的回到他的学校和运动生活里去。她们毁了他的车，并且在学校停车场上给它标上了"强奸犯"的字样。最后，她们决定必须面对强奸了尼基的人，一个年长的已经工作的人。一个自以为是、满不在乎的角色，女孩们一定要让他明白他对她们的朋友做了什么。

与我喜欢的其他青少年电影，如《红粉佳人》（*Pretty in Pink*）相比，《女孩城》并没有治愈人心的浪漫故事或者从艰苦环境中获得救赎的情节。对我来说，它引起了我的一种就要爆发的愤怒之感，并且证明了我需要在这个冷漠的、充满敌意的城市被看见和被听到。这部电影也证实了我在大学里建立的深厚的女性友谊对于表达这些情感是不可或缺的。

回到郊区，尽管是在我遇到那些将成为我自己的《女孩城》闺蜜死党的女性之前，我和朋友们还是尽力寻找能够表达我们自己的空间。我们想要那些父母还不愿意给予的自由，但我们小时候和十几岁时经常玩耍的空间——卧室、地下室和卫生间——太无聊，太局限，与现实世界太割裂。女孩们必须学会凑合着使用她们被给予的有限空间。在我在郊区的青春期，那个空间就是购物中心。

很容易到达，不会招致父母追根究底的盘问，总是温暖和安全的。我已经数不清花了多少时间，在米西索加那不断扩大的购物中心错综复杂的走道里闲逛。我想我们是幸运的，考虑到米西索加购物中心的规模和扩建速度，我们有选择。贝恩的研究毫不意外地发现，把购物中心作为背景在青少年电影中很常见。[106] 尽管购物中心本身的同质性很强，但我们还是借由观看我们买不起的东西找到了乐子，想象着如果我们有合适的衣服和鞋子，我们会成为什么样的时髦人物。我们在楼梯间、角落里和临时维修通道上找到了创造自己空间的方式。我最好的朋友埃丽卡（Erika）和我不在同一所学校上学，所以购物中心是我们真正能待在一起的地方，而不是在电话里聊天。但随着我们年龄的增长，购物中心不再能满足我们不断变化的个性了。我们需要寻觅空间、风格和人，让我们能够开始定义自己，而不仅仅是来自郊区的犹太女孩。

如果说购物中心是我们的默许空间——容易到达，父母很乐意把我们留在那里几个小时——那么市中心，也就是我们称为隔壁的多伦多，就是我们的心愿了。我们可以搭乘一列通勤火车，大约三十分钟不到，就能到达央街脚下了，这里是多伦多的中心购物和旅游观光区。我们可能会冒险进入巨大的伊顿中心（Eaton Centre）购物商场，我们的目标是古着店①、二手唱片店、海报店以及央街和女王街上的头店②。在20世纪90年代早期，央街和女王街不像我们熟悉的郊区景观。在前士绅化时期，二手店和剩余军用品商店风行一时。热爱朋克的年轻孩子在台阶上闲逛，热切地盯着那些购物者看。我们觊觎着我们还买不起的马丁靴，翻寻母亲们看了会皱眉的破洞牛仔裤和男式衬衫。我们向陌生人讨香烟，我们并不真的抽，只是试图装得像是属于这条肮脏的人行道，而不是在购物中心的荧光灯下。

67

　　当然，现在看这一切都像是陈词滥调。我们并非独一无二的。郊区女孩全都在想方设法抵制随大流带来的压力。如同大多数的年轻人，我们试图弄清楚我们自己，"不一样"

---

①　古着店（vintage shop），指销售在二手市场淘来的真正有年代的而现在已经不生产的衣服的商店，对应复古时尚的风潮。
②　头店（head shop），指销售与大麻文化有关商品的店铺，店内不直接售卖大麻，而是一些配件如水烟枪、磨烟器，甚至还有海报、服装等。其名称来源已不可考，一个说法是源于20世纪60年代迷幻摇滚乐队the Grateful Dead的粉丝名称"Deadheads"，另一个说法是在20世纪初就出现了这个名称，与"pothead""acidhead"等词语有关，意指"瘾君子"。

的空间帮助我们创造了新鲜的表达自我的时刻。吉尔·瓦伦丁对成年人和青少年空间的研究发现，女孩矛盾地把城市街道这样的公共空间视为"私人"的，因为这些空间可以让她们匿名，远离父母、老师以及其他照顾者的窥视。[107]奇怪的是，家庭反而更像是一个公共空间，因为女孩们在这里感觉不到隐私，也不能掌控自己的卧室和所有物。

十几岁的时候，多伦多市中心出乎意料的隐私感让我和朋友们可以探索家里不乐见的或禁止的身份。冒险进入城市，在那里我们不太可能被我们认识的什么人看见，这意味着我们可以在一段时间里古怪乖僻、暗黑摇滚，或只是愤怒偏激。但我们通常需要朋友们的在场和帮助才能做到这一点。多伦多对我来说从来不可怕，但去一个新的地方，穿不一样的衣服，和陌生人说话的勇气，只可能来自女朋友们的鼓励。你的朋友会帮你实践新的伪装，在熏香弥漫的肯辛顿市场（Kensington Market）二手店里搭配而成，然后把你买的那些不太适合被家长看见的装扮藏在她家的地下室里，直到周一早晨你能在学校卫生间里偷偷地穿上它们。忠诚的女性友谊混合了那时还有些粗粝的城市的通了电一样的感觉，就像一杯强劲的鸡尾酒，让我们走出了郊区的少女时代，成为我们渴望得要命的独立的年轻女性。

和《女孩城》一样，1996年的电影《恶女帮》描绘了高中女生集体抵制父权制暴力，挑战性别、种族、阶层和性取向。这两部电影都刻画了在城市里如鱼得水的女孩，她们不是男孩的附属，而是"参与身边街头生活"的人。[108] 在《恶女帮》中，"女孩们在波特兰（Portland）的街头游荡，一边嬉笑、聊天、喝酒、抽烟、拍照，一边探索空无一人的后巷和人迹罕至的小道"。[109] 就像《女孩城》一样，《恶女帮》里的闺蜜死党们聚在一起面对男性暴力。在叛逆的、独来独往的"长腿"（极具魅力的安吉丽娜·朱莉饰）的激励下，女孩们痛打了一位教师，撞坏了威胁要强奸主角麦迪［海蒂·布雷斯（Hedy Burress）饰］的那伙男孩的车。在最后一幕中，麦迪爬上了河面一座桥高处的横梁，这是她以前不敢攀爬的。她和"长腿"还有其他女孩的颠覆性的友谊激励麦迪直面自己的恐惧，并完成了这一壮举。麦迪张开双臂，高高地站在她脚下的城市之上。

十几岁的女孩和她们的朋友占据空间的方式往往是嘲讽的对象，而不是赞扬。她们的品位和狂热的兴趣被讥笑成轻浮、幼稚和没有教养的。她们占据购物中心的美食广场，成群结队地去卫生间，还有没完没了的睡衣派对，这些都被描绘成既令人恼火又难以理解。在一个习惯性地嘲笑十几岁女孩和她们的兴趣、渴望以及爱好的文化中，几乎没有源头可以想象或认识女孩共同塑造、改变、重建她们的世界——尤其是城市世界的方式。贝恩对青少年电影的研究表明，"无人陪伴的年轻女性很少被描绘成改变、征用或占据空间的形

69 象"。[110] 因此，贝恩哀叹道，"十几岁的女孩改变空间以获得赋权，以及通过越轨的行为在成人的世界要求和控制空间，这样的机会仍然有待发掘"。[111]

在《女孩城》和《恶女帮》中，女孩们对"女性友谊作为一种生活方式"的承诺在城市的街头上演，在一个男性主导的、始终存在性暴力阴影的充满威胁的环境里，她们逐渐获得了更多的自信、力量和控制力。女孩在城市空间聚在一起，挑战了城市究竟为谁而建的认知。通过占用被弃置的或是男性的空间，通过涂鸦留下她们的印记，以及偶尔爆发的她们自己的暴力，城市"作为玻璃和石头的父权制"被重塑成一个充满可能性的空间。[112] 女孩出现在城市街头，一个被认为和她们不相称的地方，这可以并且也应当被视为女孩在一个成人主导的、父权制的社会里抵抗各种控制模式的一部分。

友谊和自由

这些电影正是我想要寻找并建立的那种酷酷的女性友谊的缩影。当我在十八岁搬到城里去多伦多大学就读的时候，我的许多高中友谊开始消失了。幸运的是，我很快就遇到了吉尔，她是我分配到的男女同校的宿舍舍友，还有凯特，就住在我隔壁房间。等吉尔和我发现超酷的凯特实际上只是一个刚从郊区搬来的新生时，我们就变成了要好三人组。尽管我们大多数时间都生活在多伦多附近，但我们日渐深厚的友谊把我们带入了不同的空间，也带来了探索这座城市的全新方式。

我们为没有父母的直接监管而欣喜若狂，陶醉于新获得的自由，制定自己的计划，探索新的地方，享受城市的夜生活。我们在小巷后面烟雾缭绕的咖啡店里游荡，带着我们的课堂阅读材料，但大部分时间都花在透彻地了解彼此上面。像 Lee's Palace、Sneaky Dees 和 Sanctuary 这样的我只在收音机里听说过的夜店，现在却成了我们周末的保留行程之一。这一次，没有什么禁区。

这并不是说从未有过恐惧。事实上，作为一个自由空间的城市和作为一个危险空间的城市，两者的紧张关系十分突出。这种紧张关系对我们友谊的成长和巩固产生了巨大的影响。身为刚刚成年的年轻女性，父母和社会给我们灌输了大量的关于陌生人、城市空间和众所周知的"黑暗小巷"的信息。尽管这些信息已经深深地内化在我们心里，但我发现它们还是有表演的 ① 一面。我们实际的恐惧程度并没有与此特别相关。相反，我们习惯性地**表演**安全和预防措施，以符合我们性别的社会建构。

早在人们拥有手机之前，我们就必须炮制各种各样的小

70

① 表演的（performative），也译作"述行的"，指话语影响了人的行为。

93

套路，确保没有一个人是在晚上独自行走的。比如说，我搭地铁回家，我就应当在圣乔治站下车的时候用公用电话打给吉尔，等她和凯特一起过来，然后我们三个人——现在无懈可击了——就会走回住处。要是我忘记了，担忧随之而来。要不断地保证下次会记住。

　　形成这些小小的会合的策略是不假思索的，是作为一名女性假定如此、再正常不过的一部分。凯琳·谢弗（Kayleen Schaefer）在她的新书《到家了给我发短信：现代女性友谊的演变和胜利》(*Text Me When You Get Home: The Evolution and Triumph of Modern Female Friendship*) 里提及 "到家了给我发短信" 这一短语在女性友谊中所起的作用：

71
　　　　我最要好的朋友露丝，住在布鲁克林离我几个街区远的地方，在这样的夜晚结束后，我们会彼此这样说。"我爱你。" 我们中的一个人会说。另外一个人就会说："到家了给我发短信。" 我们说的是同一件事情……男性是不会让他们的朋友回家后给自己发短信的。[113]

　　谢弗解释说，这严格地说来并不是安全的问题。这是我们表明彼此团结一致的方式，是一致地认识到任何独自行路的女性都可能面临的各种风险和烦恼。提醒你发短信，让你知道朋友们会留心她们的手机，知道她们会成群结队地来夜店或地铁站接你，这是一种建立关系网络的行为。谢弗写道，这个网络让"女性告诉彼此，**我永远和你在一起。在你离开的时候，我不会忘了你**"。即使在多年之后，当我和吉尔相约喝酒，然后各自回家，我们还会在地铁站台上面对面地站着，在列车呼啸着进站之前，尽可能长时间地注视着对方。

回到大学里，我那时对这些不胜其烦的有关打电话、等候、走路等等的安排感到很恼火。我知道我们大多数的活动风险都很小，即使是独自一人。我不记得我是否听说过，女性遭受私人的、亲密关系暴力的风险要比来自公共的、陌生人的暴力大得多，但我觉得我本能地知道，黑暗小巷并不会藏匿几十个强奸犯。身为大学生，我们在宿舍里比在城市街道上更容易受到侵犯。

尽管如此，我并不会抱怨我们对彼此的保护。1993 年，也就是我们上大学的前一年，很长一段时间内让人惶惶然的"士嘉堡强奸犯"① 刚刚被捕。直到 1995 年底前，他和他妻子那令人发指的罪行和随后详细而骇人听闻的审判，一直都占据了新闻版面。[114] 我们对彼此有一种非常真切的责任感，

72

————————

① 士嘉堡强奸犯（Scarborough Rapist），指加拿大著名的连环奸杀案凶手保罗·伯纳德（Paul Bernardo），他和妻子卡拉·霍穆尔卡（Karla Homolka）于 1987 年至 1990 年间合谋，至少犯下 16 桩恶性强奸罪行，包括强奸并杀害卡拉的亲妹妹。

尽管我们才刚成为朋友不久。相比之下，我们宿舍楼的男生似乎决心用荒谬的男子汉气概的比拼来杀死彼此，把酒精灌进对方的喉咙，直到有人被送进医院为止，或者就是在大街上和不认识的人打架。我们互相照顾的责任是明确而毋庸置疑的，无论我们的确保会合有时候是多么令人恼火。

我很感激有关心我的朋友。每天晚上外出之后，我们都会设法把对方送回家，即使这意味着恳求出租车司机收下剩下的零钱。我们用角度恰好的胳膊肘和靴子赶走了骚扰者。在剑拔弩张地探望郊区的家庭之后，我们用茶和饼干欢迎彼此回来。在跌倒、自行车撞倒和胃痛之后，我们会互相送去医院。我们确保彼此的安全，更重要的是，我们互相帮助，学会使用空间，学会反击，学会做自己，而不管别人不断提醒我们该怎样言谈举止。朋友们是我的安全网，我的城市生存工具包。谢弗感叹道，她的朋友们"就像是救生筏，在她登上之前，她都不知道她正在寻找它"。[115] 和朋友们在一起，让我能够质疑这个根深蒂固的、潜意识的观念，即我应当从身体上、情感上、语言上都几乎不占用空间。她们让我能够把挫折指向学校、系统和结构，而不是其他女性，让我感到坚强，而不是恐惧。简而言之，女性友谊不仅仅是救生筏：它就是力量。

每当观看我现实生活中的朋友艾比·雅各布森（Abbi Jacobsen）和伊拉纳·格雷泽（Ilana Glazer）编剧的电视剧

集《大城小姐》（*Broad City*）时，与我生命中那段时期有关的情感就会如潮水般涌来。在剧中，艾比和伊拉纳打着零工，住处也不稳定，总是濒临个人、爱情、职业或财务的崩溃边缘。她们热爱纽约，但在这座冷漠、昂贵和疯狂的城市里很难获得成功。她们居住、索取、抵抗、逃离，有时深陷其中的城市空间，是她们共同故事的一部分。正如《卫报》的影评人所言，艾比和伊拉纳"一起在纽约城求生存。她们做着自己讨厌的工作，与她们不那么喜欢的男性做爱，常常把这座城市当作一个游乐场"。[116]在那个游乐场中，她们总是冒着受到伤害的风险，无论是实际上的还是象征意义上的，她们两人都始终不渝地互相支持。她们是彼此的城市安全网。

《大城小姐》是千禧版的有关两个女性在城市生活的重要故事，这种故事通过如《玛丽·泰勒·摩尔秀》（*Mary Tyler Moore Show*）、《凯特和艾莉》（*Kate and Ally*）、《拉文与雪莉》（*Laverne and Shirley*）和《警花拍档》（*Cagney and Lacey*）等标志性的电视剧集来讲述。这些电视剧既把城市作为一个女性独立和成长的关键场所，又把始终不渝的友谊设为能够让女性打破传统角色的基础关系，所有的剧集都因为对女性的突破性刻画而备受称赞。如今，由伊萨·雷（Issa Rae）编剧并主演的《不安感》（*Insecure*）把洛杉矶设为故事的背景，讲述了黑人女性在一个想要挫败她们的雄心，不把她们视为完整的、复杂的人的世界里，友谊对于她们生存的必要性。伊萨和她最要好的朋友莫莉［伊冯娜·奥吉（Yvonne Orji）饰］一起奋斗，穿越交织在工作中的种族主义和性别歧视迷宫，克服找到尊重她们的智力和才华的爱情伴侣的困难，接受历经生活重大变化后仍维持闺蜜死党在一起的挑战。与《大城小妞》夸张的滑稽情节形成鲜明对比的是，《不安感》对于心碎、经济焦虑和在全球性城市中缺乏成就感给予了有时令人痛苦的现实主义的呈现。然而，这两部剧集都把友谊（无论多么令人忧心忡忡）当作了角色生存的核心。

反过来，城市让女性友谊以自己的方式展开。在《大城小妞》充满活力、喧闹，并且常常是超现实的纽约里，这座城市有时就像一个活生生的实体，吞噬了她们为了获得稳定和成功而付出的一切努力。虽然如此，城市永远为艾比和伊拉纳在一起提供了一个图景。她们为彼此"赴汤蹈火"的承诺充斥着每一集。即使她们发现自己处于尴尬的境地，并且通常还是她们自作自受的，但她们仍始终不假思索地互相帮助摆脱困境。正如《卫报》的另一位评论家所说：

> 她们受到命运的打击比可怜的尤利西斯还要多，从纽约城的一个角落被赶到另一个角落，经历了一系列的不幸和与死亡擦肩而过。仅在第三季的第一集中，她们就把钥匙掉进了下水道，被一列经过的地铁车厢擦到，被关在一座移动公厕里，被劫持在一辆送货车的车厢里，

还被一家快闪店里疯狂扭动的一大群顾客给困住了。[117]

不过每一次从困境里挣扎出来，似乎都给观众提供了又一扇可以深入她们友谊的窗口。《大城小妞》里没有任何关于女性友谊的负面刻板印象，一分钟都没有。相反，我们会看到女性友谊是忠诚的、终身的，是酷毙了的。

埃琳·温克认为，把女性友谊放在首位，甚至写下友谊，在屏幕上表现友谊，都是一种反叛的行为，它们开始掀开由正统异性恋主义、资本主义、再生产劳动①和家庭紧密编织的布。[118]艾比和伊拉纳、伊萨和莫莉一起，反复地、坚决地，有时甚至是狼狈地，无法迎合成年和异性恋关系的规范和标准。但正是在这种失败中，她们创造了一个世界——还有一座城市——在那里，她们的友谊可以成为轴心，其他一切都围绕着它旋转。

城市本身可以帮助女性友谊蓬勃生长。女性在郊区交朋友，这是毫无疑问的。但是郊区景观的设计鼓励私人的、向内的聚焦。从车库搬到越野车，不需要外出，背负供养一个大家庭的负担，鼓励把后院当作私人娱乐空间使用：郊区的女性可能很少有机会或需求去交朋友并且与老朋友保持联

75

---

① 再生产劳动（reproductive labour），与性别不平等有关的一个概念，指无报酬的、能够"再生产"有酬劳动力的工作，包括生育、育儿、清洁、做饭等，通常属于家庭和"女性劳动"的领域。

系。记得贝蒂·弗莱丹就曾坚称，郊区故意孤立女性，让她们从属于向内的家庭世界，培养了一种孤独的甚至是绝望之感。我可以从我自己的经验来讲述，当我有了很小的宝宝以后，居住在城市里就迫使我必须出门。我住在一间小小的地下室公寓里，连院子都没有，夏天的每一天我都在本地的公园里度过，我在那里结识了一个妈妈，后来变成了五六个。我们的友谊不断地发展，渐渐地不仅是和孩子们在一起，而是晚餐、电影、聚会等等。我们可以随时去彼此的家里串门，这让我们一直保持着联系。

与此同时，我试图维系大学友谊，有时还重建了这份友谊，城市在这里起了作用，尽管我和朋友们在毕业后的经历迥异，也都各自开始了人生的新阶段。我们如今居住在不同的社区，我们的二三十岁年华当然不像艾比和伊拉纳那样无忧无虑、充满活力，也不像《欲望都市》里的女友们充满抱负的生活那样富有魅力。尽管如此，只需一趟坐地铁的距离让我们觉得总能找到相聚的方式，也许根本没有发生太大的变化。

76

酷儿女性空间

然而，在过去大约十年的时间里，一些对女性友谊最为重要的城市空间——那些为女同性恋和酷儿女性服务的空间——已经消失了。从历史上看，女同性恋很难在城市里找到空间，因为同性恋社区通常只关注年轻男同性恋的兴趣和生活方式。在这些同性恋社区中，有时候也会有一些女同性恋友好的空间，如酒吧和书店等。在其他时候，会有一些不同的街道以不那么正式的女同性恋友好地带闻名，如温哥华的商业大道（Commercial Drive）和蒙特利尔的圣劳伦大街（Boulevard St. Laurent）。[119] 如同朱莉·波德莫尔（Julie Podmore）对蒙特利尔的研究所认为的，"在城市尺度上的女同性恋形式的领域相对来说是'看不见的'，因为她们的社区是通过社交网络而不是商业场所构成的"。[120] 友谊关系仍是"女同性恋秘密消息网"的关键，帮助酷儿女性找到像家一样的街道和社区。

在塔玛·罗滕伯格（Tamar Rothenberg）一篇题为《"她告诉了两个朋友"：女同性恋创造城市空间》的对布鲁克林公园坡（Park Slope）女同性恋社区的研究中，公园坡内的特定地点是女同性恋认同和社交的重要场所。其中包括第七大道商业区，在那里女性述说了"在周六或周日漫步在第七大道上，能看见很多女同性恋，遇到她们认识的人，感觉很惬意的经历"。[121] 地理学家吉尔·瓦伦丁也写道，女同性恋之间的友谊至关重要，因为她们很可能在出柜后被家庭和其他朋友拒斥。女性朋友成为替代的家庭，承担了许多照顾、支持和庆祝等通常由原生家庭承担的角色。在瓦伦丁的研究中，女性将第一次走进一个明确的同性恋场所描述为跨越不

77

同的世界，一个需要勇气和胆量的世界。[122]

然而，这些社区和场所中有不少将要发生变化。早在20世纪70年代，公园坡就开始出现士绅化的影响。格林威治村（Greenwich Village）日益上涨的租金，使得公园坡老旧，但值得考虑的存量房以及相对靠近曼哈顿的位置成了有吸引力的选择。在数十个城市的士绅化观察者所熟悉的模式中，另类社区的出现——学生、艺术家、酷儿群体——似乎是社区从被人遗弃到令人向往的转变的触发器。讽刺的是，那些最先使得社区变得"酷"起来的人通常没有钱留下来。由于工资的性别差距和由来已久的歧视，女同性恋的家庭收入相对较低，特别容易流离失所。

这种趋势也影响了酒吧、咖啡馆和书店。电影制作人和DJ韦璐（Lulu Wei）在最近为酷儿新闻杂志 Xtra 制作的视频中，着手调查多伦多酷儿专属空间完全消失的问题。在一个拥有加拿大最大的同性恋村和能吸引百万游客的骄傲月庆典的城市，这怎么可能呢？韦璐采访了几位酒吧前老板、推广人和DJ，他们都把矛头指向了同性恋村的士绅化、收入差距和同性恋村舒适空间的缺乏。如同DJ科兹米克·卡特（Cozmic Cat）所说："事实是，两个女人在一起的收入和可支配收入会更少，用来去夜店的钱更少，也难以维持营业。而且我们说的还是白人女性，甚至还不是有色人种。"[123]由于村里的租金高昂而被迫西迁，士绅化却紧紧追随着它

78

们的步伐。随着共有公寓、精品店和主流酒吧出现在这些"新兴"社区，像"极简酒吧"（Less Bar）和"鸡舍"（The Henhouse）这样的酷儿空间已经关闭。

韦璐的受访者大多对这些重要空间的关闭感到痛心不已。即使在 20 世纪 90 年代末期，我们最喜爱的女同性恋酒吧 Slack Alice（后来只叫 Slack's①）也只是村里**唯一**一家女性酒吧，然而，就在女同性恋的空间和社区从来都不是特别丰富的背景之下——酷儿女性一直都被迫寻找合适的空间。[124] DJ 和推广人麦维斯（Mavis）呼吁"酷儿接管"主流空间。"鸡舍"的前老板博比·瓦伦（Bobby Valen）认为希望**尚存**："我们都想要更多，想要在一起……有时候这**就是**关于占有空间，而不是请求许可。"[125] 尽管现有空间的性质已经发生了深刻的变化，女同性恋和其他酷儿女性、跨性别和非二元性别者（non-binary）仍然在想方设法寻觅能拯救生命的友谊和打造全新的具备创造性和包容性的空间，以此作为他们城市生存工具包的一部分。

永远的友谊

无论是不是酷儿，女性的城市生活都在发生变化。女

---

① 在 2022 年，网上显示该酒吧已永久关闭。

性结婚的年龄越来越晚，在离开家庭与建立长期伴侣关系之间度过了越来越长的独自生活的时期。有越来越多的女性不再结婚。丽贝卡·特雷斯特（Rebecca Traister）在她颇具影响力的著作《单身女性的时代：我的孤单，我的自我》（*All the Single Ladies: Unmarried Women and the Rise of an Independent Nation*）中，称赞了女性友谊的持久性以及它们日益增长的重要性："在大多数不被承认的女性生活真相中，有一个真相是我们从孩子的时候起就被告知，男性应该是那个让我们变得完整的人，而女性彼此之间主要的、基础的、形成性的关系很可能就像她们和男性之间的关系一样。"[126]

特雷斯特指出，我们的身份、梦想和目标是和我们的朋友一起构造的，而不是通过传统的婚姻和家庭的路径。谢弗也同样承认，她的女性友谊"具备所有的浪漫关系的特性，除了它们是柏拉图式的。但那些都是爱情故事……我们可不会让另外一个人跑掉"。[127]喜剧演员杰西卡·威廉姆斯（Jessica Williams）在给她最要好的朋友，也是她"工作上的妻子"菲比·鲁宾逊（Phoebe Robinson）的著作《你不能碰我的头发》（*You Can't Touch My Hair*）作序时写道：

> 她依然称我为她的奥普拉（Oprah）或她的盖尔（Gayle），这要看那天我们是怎么过的。她依然会在酒吧里对那些一个劲儿地跟我们撩骚的差劲家伙说**请**

走开……我们在一起的第一次演出就像是美妙的第一次约会。那天晚上，我发现舞台上的菲比能够说出对我来说非常重要的事情。成为一名黑人女性**和**女性主义者，这是一份全职的工作。就像#去他妈的父权制（fuckthepatriarchy）这个标签所说的，尽管我俩都和看起来像缺乏维生素 D、很容易被阳光晒伤的白人小伙子约会。黑人的命确实很重要。[128]

人们开始认识到女性友谊能提供浪漫的伴侣关系（尤其是与男性的）可能无法给予的东西，比如共同的经历，甚至是坚定的女性主义的基础。城市为女性提供了建立和维持这些友谊的环境，甚至可能持续一生。

尽管对我和朋友们来说，那些漫漫长夜的亲密交谈不算多见，但我们从来没有停止想象我们在一起的未来。或许，意识到我们中的大多数会比我们生命中的男人活得更久，又或者可能并不会拥有终身的伴侣关系，以及依靠我们后千禧一代的孩子来照顾我们大约也不算是可靠的计划，我们经常开玩笑说，很快就要在同一家养老院预定位子了。或许我们的伴侣也会在那里，只不过是在不同的侧翼。在我的想象中，它就好像回到了和凯特以及吉尔在一起的大学宿舍生活，只是更奢华，要轻松得多。

并不是只有我们才有这样的愿望。我的社交媒体推送的

80

都是一些年轻的女性（还有男性），他们在用＃目标（goals）这样的标签来表达对《黄金女郎》①的喜爱。尽管其中的许多人还年纪太小，没看过这部精彩情景喜剧的首轮播出，但关于多萝西、布兰奇、罗丝和索菲娅的生活，已经从一个看起来伤感的安慰奖——在养老社区与你的朋友和母亲安度晚年——变成了一个标签，嗯，就是＃目标。我甚至可以想象《欲望都市》里的朋友们在一起过着《黄金女郎》纽约版生活的情形：夏洛特和米兰达的孩子离开了家；大先生（Mr. Big）在他那辆林肯城镇车的后座死于严重的心脏病发作；女人们聚集在米兰达位于布鲁克林的褐砂石公寓一起用早午餐的时间越来越长，直到史蒂夫最终搬到了地下室，而朋友们就再也没有离开过。在现实生活中，特雷斯特的研究清楚地表明，与一生的爱人一起变老的梦想要么不现实，要么不受欢迎，要么无聊至极。相反，许多人，尤其是女性，都幻想在朋友的陪伴下度过自己的暮年，友谊能提供一切关怀、支持、趣味和冒险。

我不知道这个计划是否会实现，但想象一个以女性友谊为中心的未来是有点"构造世界"的。如同谢弗所说，我们的女朋友是我们生活的"根本"，我们是不会放弃她们的。

---

① 《黄金女郎》（*Golden Girls*），20世纪90年代美国最成功的电视剧集之一，讲述一群古稀之年的老太太在一起的故事。

相反，"我们正在重塑观念，有关我们的公共支持系统应该是什么样子，以及它们能够是什么样子"。[129] 不过，对养老院的幻想只是对一个能使之实现的空间的相当私人的愿望，这个空间有赖于个人的选择和支付的能力。它并不一定需要对社会结构和建成环境进行更广泛的变革。因此，更大的问题是我们能怎样创造和重新利用空间，尤其是城市空间，如何以此打开更多的可能性，并维持和实践我们认为会支撑我们整个生命历程的种种关系？

这是一个极具挑战的问题，在寻觅答案的路上有很多障碍。友谊，这样一个童年和青春期的核心关注点，在成年时就不那么被郑重对待了，显然它也只存在于不正式、也不具备组织结构的情况下。它不像婚姻，不被国家承认，也不存在正式的或法律上的友谊纽带。虽然友谊本该如此，即使并没有"友谊证"，成人友谊也可以被视为对城市场所进行想象的一种重要的关系和价值观。但是，当友谊总是与那些由婚姻、血亲和性事所粘合的"合法"的关系进行对照，并且因此而被削弱时，这就特别困难了。

在规划和城市政治中，很少针对那些不符合核心家庭模式或"典型"人生轨迹——从单身到结婚到有孩子到成为空巢家庭的线性模式——的家庭，这也不是什么秘密。如同女性主义规划批评家卡罗琳·惠茨曼（Carolyn Whitzman）所指出，规划长期以来都是白人、男性主导的行业。[130] 有关性别、性取向和家庭的问题通常都被认为是超出了规划实践的理性、技术的框架。规划师德兰·陈（Deland Chan）指出，"规划自下而上以及类似于社区外展这样'软性'的以人为中心的工作"与设计城市"硬性"基础设施的工作"不具备同等的价值"。[131] 社会性别主流化的方法可以帮助赋予更大的价值，或者至少吸引人们注意到那些对归类为"软性"问题的关切，而不是恰好因为它们与女性和女性主义有关。女性主义城市学家声称，有一种"顽固的保守派，他们因循守旧，对试验或探索新的范式毫无兴趣"，除非它们涉及花哨的算法和大数据。[132] 即使在女性主义地理学中，友谊作为一种"生活方式"或一系列塑造了城市、也被城市所塑造的关系和经验，也很少受到关注。

如果在大多数人生活中，当然是在他们生活中的大部分时间里，作为常态的传统的异性父系家庭形式正在迅速减少，难道我们不应该寻找其他相互联系的方式，以此作为塑造我们城市未来的基础吗？考虑到女性彼此依靠的所有方式，不仅仅提供友谊的情感上的支持，还有共享托儿、养老、交通、住宅、医疗保健等其他许多完全必须之事的实质上的支持，城市拥有支持这种种安排的基础设施难道不是很合理的吗？当然，我们可以就女性友谊提出经济上的论点。特雷斯特观察到，从早午餐一直到关门打烊，在一起交往的女性挤满了餐馆、酒吧、商店和咖啡馆。她回忆起搬到纽约时，看着女人们一起占据了空间："她们——实际上是**我们**——从这座城市的人行道上汲取了每一滴能量，挤满了城市的街道、剧院、办公楼和公寓，赋予这座城市性格、节奏、美丽和速度。"[133]

在我自己对多伦多共有公寓热潮的研究中，我发现开发商在推销他们的建筑时，都使用这种全天候的充满乐趣和友谊的城市意象。[134]然而，这迎合了人口统计学上极有特权以及相当狭窄的女性人群，她们是年轻的职场人士，大多数没有孩子，拥有可支配的收入，能够利用城市来提升她们的生活方式。这座城市要培育、提升，甚至依赖女性友谊的网络，将其作为日常生活中不可或缺的组成部分，还有很长的一段路要走。

一百多年前，为未婚女性而建的公共空间，如简·亚当斯创建的位于芝加哥的赫尔之家（Hull House），是为了让年轻女性远离麻烦，在一个看起来充满敌意的城市环境里获得安全而建的。虽然友谊不是创建这些寓所的明确的基础，但女性为获得支持、陪伴、分担劳动和教育等等而彼此依赖，而不是依靠单个的男性，这样的观念那时还是主流思潮。如今，这样的空间已经很少，建立共享空间的实际障碍反而处处可见。与朋友共同拥有房产很不寻常，也常常是不明智的；分区的做法可能会限制可以使用共享空间的"家庭"的数量；而共有公寓和其他多单元住宅往往是人们短时间居住

83

的地方，因为它们的设计并没有考虑到不同类型和大小的家庭的需求，也就打破了原本可能在那里发展的人际关系网。这些限制，再加上高昂的住宅成本，可能会使女性在搬离与配偶或伴侣合住的房间时无力负担，陷入难以为继，甚至是暴力的关系之中。把社会住宅项目分成多种收入、混合社会阶层和市场化的住宅社区的举措，也扰乱了低收入女性为帮助彼此生存而建立的支持性社会网络。

84   归根结底，我认为我们不能依靠城市政策和规划来维持或生成那种允许非传统关系蓬勃发展的空间。那些有利于特定类型所有权的规划模式和财产制度的变革十分缓慢。此外，在大多数城市，是私人房地产市场决定了什么样的空间可以建造，哪些企业可以生存，甚至提供哪些服务。如同酷儿女性场所消失那个例子所表明的，商业空间的高昂成本和士绅化是关键的因素，决定了有没有可能去拥有并维持那些有利于且能滋养女性人际关系网和友谊的场所。尽管**我**认为在建立社会的过程中存在巨大的智慧和远见，因此才有了许多不同类型的用作安全保障的社会关系，这些都可以帮助我们度过疾病、失业、衰老，等等。但对女性，尤其是对那些想方设法作出决定，准备离开婚姻甚至异性恋一夫一妻制度的女性来说，存在一些激进的，因而也是令人恐惧的东西。

想象一座充满女性朋友的城市，这种构造世界的努力有点不太正大光明，甚至有点离经叛道。毕竟，如果你选择了一种符合许多异性恋（或同性恋）原则的生活，包括婚姻或长期承诺，财产所有权，抚养孩子等，当你生活中的关系和责任的中心"核心"消失于背景中时，去想象这样一个时刻意味着什么？或者更激进一点，意识到你可以选择一种没有这些东西的生活，但你一生仍能拥有亲密、支持并且坚定不移的友谊？我们永远不应当低估挑战核心家庭在文化上、法律上和空间上的中心地位的力量和威胁。

温克坚持认为，对友谊的关注具有革命性的潜力。它反抗了父权制的逻辑："肉身和另外的肉身在一起——欢笑、哭泣、做饭、跳舞、拥抱——没有生育或其他的再生产劳动的必要。友谊是资本主义意识形态的对立面。友谊本身就是经济。"[135] 美国达科他州的学者金·托尔贝尔（Kim TallBear）认为，友谊也可能彻底改变殖民者的逻辑。托尔贝尔谈到异性恋正统主义——甚至同性恋正统主义①，它们都是"殖民者性取向"结构的一部分：与这种价值相联系的方式加强了一夫一妻制、私有财产以及与国家的一系列特定的关系，这些都是强加给原住民的，是正在进行的原住民剥夺过程的一部分。[136] 因此，殖民者性取向是使得殖民国家稳定和规范的框架的一部分。它还贬低了许多其他方面"关系"

85

---

① 同性恋正统主义（homonormativity），相对于异性恋正统主义（heteronormativity）而言的概念，认为异性恋的规范和价值观应该在同性恋人群中同样地复制和执行。

的价值，包括友谊、非一夫一妻制、与土地的关系以及与非人类的关系。托尔贝尔认为，这些其他方面的关系正在深刻地破坏殖民权力结构的稳定性。

或许，想象一座以友谊为中心的城市似乎是不可能的，其原因仅仅是：如果女性把爱、劳作和情感支持多奉献哪怕一点点给她们的朋友网络，这个体系——正如男性所熟知的——就会崩溃。这是一个值得考虑的激进的前景，也是一个深刻的不再以家庭和国家为中心的前景。托尔贝尔坚称：

> 我有一个激进的愿望，建立在暴力等级制度和财产观念基础上的殖民者关系不必是一切……我们可以从一种叙事中获得激进的希望，这种叙事不需要救赎国家，而是把彼此作为关系来照顾。我们如何才能在这里过得很好？国家在过去并且在未来都无法帮我们做到这一点。[137]

86   如果女性、原住民、有色人种、酷儿和跨性别人群重视并且重新聚焦已经被系统性破坏的关系，现状必然会以令人恐惧和奇妙的方式倾斜。这是向女性主义城市迈出的一大步，这样的城市重视女性的关系，不再以核心家庭为中心，让女人和女孩占据空间，按照自己的方式建立关系。

CHAPTER THREE

第三章　一个人之城

几乎每一周都会出现又一篇专栏文章、时评社论或病毒
式传播迷因（meme），谴责我们对于移动数字技术的上瘾。
如同之前的对家用电视和电子游戏的技术恐慌一样，我们被
警告说，我们对个人科技的全部关注正在制造反社会的孩
子，激起亲密关系的破裂，使我们越发地肤浅和个人主义，
打破了把人类社会凝聚在一起的文明和社交的纽带。城市思
想家也跳上了这列恐慌列车：按照某些人的说法，我们对智
能手机、数字音乐播放器和可穿戴设备的使用，正在导致一
个原子化的、充满敌意的城市环境，人们不参与公共社会
生活。

在这些构想中，人们永远都不清楚这些社会城市的主体
是谁，也不清楚他们栖居于什么样的身体。这些批评既浪漫
化了一个想象中的过去，那时城市街道是开放和友好的，同

时又预设了一个当下，从我们的耳朵里摘下耳机就能创造一个现代版的露天广场 ①，多种多样的自发的社会互动将引发城市复兴。我们从未被告知，到底是哪一种魔咒把性别歧视、种族主义、贫穷或同性恋憎恶从公民参与的街道上驱逐了出去。这些丰富多样的想象当然从未考虑过，对于有些人来说，手机和耳机是我们城市生存工具包的一部分。

私人的空间

弗吉尼亚·伍尔夫写道，在伦敦的"街头游荡"是一种"最大的乐趣"。[138] 自在而安静地在城市中穿行，在迷人的陌生人之间游走，是值得珍视的追寻之旅。然而，对女性来说，成为漫游者令人忧心忡忡。享受独处需要对私人空间的尊重，而这是女性很少被赋予的特权。理想的漫游者在城市人群中进出自如，与城市融为一体，但同时也是匿名的和自主的。[139] 而如今，漫游者则可能一边在城市漫步，一边让他最喜爱的音乐在耳塞里轰然作响，享受他私人的城市探险配乐。

我也喜欢在城市里戴着耳机听音乐，不过对我和其他许

① 露天广场（the agora），指古希腊城邦的中心公共空间阿哥拉，其希腊词源中包括"我购物""我公开发言"双重来源，是古希腊公民进行商业活动和参与政治的空间。

多女性来说，它们提供的不仅仅是娱乐的形式。它们或许微不足道，但却建立了一种社交障碍，挡住了男性过于频繁、几乎总是不受欢迎的骚扰。因为我戴着耳机，很难知道有多少不受欢迎的搭讪和街头骚扰被我避开了，或者说没有察觉到。然而，我可以回忆起有几次，一对小小的白色耳塞就可能使我免遭羞辱和严重的性别歧视的境遇。

我记得有一天下午，我在伦敦北部工作的酒吧上完白班步行回家。一个男人坐在停着的车里，招手让我过去。因为他停在了一个奇怪的地方（也因为我是一个乐于助人的加拿大人），我以为他想要指路。事实上，他想给我口交。他的话没那么客气。我不记得我回了他些什么，如果有回的话，在接下去的回家路上，我一直颤抖着，回头看着，担心他很容易就尾随我到我空无一人的房子。

我就在这里，努力成为一个良好的城市公民。在我结束调酒师的工作——其中包括数小时与醉醺醺的男人闲聊——之后，我从美妙的步行回家的宁静氛围里走出来，主动地帮助一个陌生人。那些渴望虚幻的过去，以为那个时代的街头充满睦邻般交往的人，像这样的邂逅只会削减我对他们的同情。对许多人而言，这从来不是城市体验的一部分。而对我们来说，独处的能力却是一个成功城市同等重要的标志。在城市中，通过身体接触、语言和其他亵渎行为来侵犯女性的私人空间，这在多大程度上被容忍甚至被鼓励，对我来说是

89

一个很好的标准，可以衡量我们实际上距离一个自然而然邂逅的友善的——以及女性主义的——城市有多远。

有一篇题为《如何与戴耳机的女人搭话》（*How to Talk to a Woman Wearing Headphones*）的文章在社交媒体上爆红，这种巨大的隔阂让我感到震惊。[140] 这篇文章似乎是一个认证为"搭讪艺术家"的男人写的，它从 2016 年 8 月开始流传，让我那充满女性主义色彩的推特时间线（Twitter timeline）陷入崩溃。作者开篇就坚称，即使"最疯狂的女性主义者""在一个自信的男人上前打招呼时，也会立刻柔软起来，变得友好"，因此男人应当毫不犹豫地再三要求女人摘下耳机。他向他的男性读者保证，无论女性给出什么样的信号，她们私底下总是期望男人打断她们正在做的事情。实际上，这篇文章建议男性，即使女性表现出明显的不感兴趣，男性也应当坚持下去。

90　　社交媒体上对这篇建议文章的即时评论通常都很幽默，比如这条来自艾米·伊丽莎白·希尔（Amy Elizabeth Hill）的推文："我只是一个戴着耳机的女孩，站在一个男孩的面前，让他给我他妈的滚开，因为我不想跟他说话。"（@amyandelizabeth，2016 年 8 月 30 日）其他人则运用更为传统的媒体渠道，对这一建议使得强奸文化以各种方式延续下去做了深刻的剖析。例如，玛莎·米尔斯（Martha Mills）在《卫报》上的回应是，当女性被反复接近，当我们的信号被忽视或曲解，当我们的界限被侵犯，会唤起女性不断升级的恐惧感。她解释说，"我的大脑处于战斗或逃跑的应激状态，确认逃跑路线，它试图计算出，如果我采取进一步的行动，让自己从完全不是由我造成的情况中抽身而出，你会做出多么激进的反应"。在谈到强奸文化时，米尔斯继续指出，"这里的建议基本上等于'不，并不表示拒绝，它意味着继续下去，直到你得到你想要的——尖叫声终究会停止'。因为显然这才是女人想要的。"[141]

《如何与戴耳机的女人搭话》说明了（有些）男性不能承认女性有意愿也有权利存在于公共空间，可以既靠她们自己，也为她们自己。对于这位作者和他的支持者来说，女性竟然不是一直地——哪怕是私底下地——渴望得到男性的关注，这是不可理解的。他们无法理解，每一次这样的互动都受到了强奸文化的巨大包袱和矛盾的持续终身的性别社会化的影响：提防陌生的男人，但也要始终对陌生的男人好。

这一悖论在 2018 年 7 月莫莉·蒂贝茨（Mollie Tibbetts）被谋杀一案中令人心碎地得到了证明。蒂贝茨独自在爱荷华州布鲁克林的家附近慢跑，据说她在试图无视一个男人和她搭话的企图之后被杀害。嫌疑人似乎有多次骚扰拒绝他求爱的女性的前科。尽管大多数媒体关注的是被告的移民身份，但女性主义者们已经在公开讨论女性所面对的大量的骚扰。CNN 援引了《跑者世界》(*Runner's World*)[142] 的一项针对骚

91

扰的调查，其标题称"数量令人惊吓的女性表示她们在跑步时受过骚扰"。[143] 社交媒体上有女性对此表示质疑："令谁惊吓了?"演员琼·黛安·拉斐尔（June Diane Raphael）在推特上写道（@MsJuneDiane，2018 年 8 月 23 日）。骑自行车的女性受到威胁，因为她们竟敢占用马路上的空间，除此之外（有的是叠加的），她们还报告了遭到性骚扰。[144] 这种骚扰不仅是向来有之，还很危险。女性被教导要忽略这种无礼的骚扰，但当我们听之任之时，我们会面临突然甚至极端程度的暴力。

在这样的文化环境中，独处对于女性来说是奢侈的，我们很少能长时间地享受这种独处时光。我们总是准备着陌生人的下一次接近，无从知道这种互动是无害的，还是充满威胁的。戴耳机是女性试图争取私人空间的一种方式，但即使这小小的独立的象征也很容易被视而不见。对女性来说，匿名和隐形始终是短暂的，必须小心翼翼地保护。我也喜欢生活在一个友善的、自然而然地交往邂逅的城市；但在我确信男人会尊重我的自主权和安全之前，我不会为戴着我的拒绝社交的耳机而道歉。

一人桌

作为一名女性，独自在城市的公共和私人空间穿行需要耗费巨大的精力。在《欲望都市》的某一集中，一向自信的萨曼莎发现自己在一家高级饭店被爽约了。她感到羞愧难当，被迫一个人坐着，在其他顾客怜悯的目光中垂头丧气。与众目睽睽下被放大镜般审视所经历的尴尬相比，萨曼莎对被爽约的怒气反而是次要的。一个独自用餐的男人会被当作商务旅行者，或者只是一个自信的人。他不太可能遭遇骚扰或者得到同情。一个女人独自用餐就感觉格格不入了，像在被展览，还有点令人难过。在剧集中，专栏作家凯莉想知道为什么会这样。她挑战自己，一个人外出用餐，没有带书和报纸（这部剧发生在智能手机出现之前）。虽然没有什么戏剧性的事件，但凯莉的惶恐说明，仅仅是选择独自一人出去吃饭，可以变得多么令人担忧。

　　一个人出门需要不断地盘算和最终的"胆量检查"，这在你自己的城市已经够困难了，如果在旅行中就更具有挑战性了。2015 年，我在芝加哥和亚特兰大做研究，我不得不在这两个城市里孤身度过大部分时间，我在那里没什么朋友，研讨会也并不会占用我所有的时间。每天至少有一次，通常不止一次，我不得不一个人冒险去酒吧或饭店用餐。有时候我提前做计划，在谷歌上查看图片和点评。我当然对菜单和价格感到好奇，但更多的时候，我是在寻找线索，那种并不（但也许应该？）包括在常规评论里的类别：对独自一人坐的女性来说，这个地方自在吗？

网上搜索之后，就是那些路过的店了。当我已经在外面走动时，寻找更多的"自然而然"的发现，也是我日常生活的一部分。有时候路过的店实际上有三到四家，我尽力透过暗沉的窗户或窗帘往里面瞥一眼。里面有很多人吗？有没有其他独自一人的？调酒师看起来和气吗？进门的那一刻是最有压力的。如果我觉得尴尬，我有没有足够的勇气转身就走？我有没有足够的勇气走到吧台坐下？有时候我甚至不够胆量走进去，而是用快餐和网飞（Netflix）解决了事。但我是一个城市研究者（也是一个喜爱美食的人），我不能每一次外出做研究或者出差参加会议时都躲进酒店房间。我承认，一旦我在附近找到一家感觉舒服的酒吧，我就会反复光顾。每顿饭都要找一个新的地方，实在是太费工夫，也太有压力了。我似乎又一次在城市探险中败下阵去。

我敢肯定，面对一天结束时去哪里吃素食汉堡等看似基本的选择，我不是唯一一个感到焦虑并怀疑自己的人。这种焦虑不一定与恐惧男人或担心身体伤害有关。相反，这是一种盘算，用来权衡我的私人界限在任何时候都被尊重的可能性有多大。作为一名女性，能够只专注于自己的事情是罕见的特权。我无法预测无害的互动何时会变成威胁，这也是事实，这就意味着我必须保持警惕。像这样的日常现实描绘了一幅令人沮丧的城市生活图景，破坏了许多"美好"的城市生活愿景。

影响深远且备受爱戴的城市规划批评家简·雅各布斯曾经写道，每周 7 天、每天 24 小时都充满活力的城市街区以及参与其中的社区意味着人们很乐意使用街道。[145] 她相信，在几百万陌生人中独处而感到安全的能力是衡量城市宜居性的终极标准。雅各布斯著名的"街道上的眼睛"（eyes on the street）就表达了这种参与和持续的复杂的使用。然而，她所指的并不是国家监控、闭路电视监控、警察或骚扰的眼睛。它也不是那种针对性别表达、性取向或种族主义少数族裔和年轻人行为的监管的"眼睛"。然而，"街道上的眼睛"这个观点却常常指向了强制性的监控和骚扰，使人不可能在陌生人中保持安全和独处。

黑人、原住民和有色人种经常在公共场所被视为可疑的，还往往由于他们出现在那里受到盘问，甚至更糟。2018年 4 月，两名黑人男子在费城一家星巴克的经理报警后被捕，原因是他们什么都没买，而他们只是在等他们的朋友到来。等到这位朋友迟了几分钟露面时，他们已经戴上了手铐。这两个人被带到警局，关押了 9 个小时后才被无罪释放。[146] 逮捕过程被拍摄了下来，这段病毒式传播的视频引发了公众的强烈抗议，也使得星巴克为之道歉。随后，作家泰居·科尔（Teju Cole）在 Facebook 上反思了这件事对黑人在公共场所的意义：

即使在最寻常的地方，我们也是不安全的。即使在最普通的情况下，我们也是不平等的。我们的生活总是在 5 分钟内给搅个底朝天……这就是为什么我一直说你不能做一个黑人漫游者。漫游是属于白人的。对于白人土地上的黑人来说，所有的空间都是有代价的。咖啡馆、餐馆、博物馆、商店。你自家的前门。这就是我们不得不去实践心理地理学的原因。我们心怀戒备地游荡，并为这种警觉付出沉重的精神负担。不能放松，黑人（泰居·科尔，Facebook，2018 年 4 月 18 日）。

95　　这起事件是黑人在公共场合面临微歧视①的极端版本，也因此独自一人更需要保持警觉和自我监控。多伦多记者德斯蒙德·科尔（Desmond Cole）在他一篇题为《多伦多生活》（*Toronto Life*）的文章初稿中，提到他被警察"核查身份证"[147]的经历，讲述了警察和市民对黑人的常规监控所带来的"精神负担"：

我已经接受了这样的事实，有些人会用恐惧和怀疑来回应我——不管这看起来多么不合理。在经历了

---

① 微歧视（microaggression），指表面上并不露骨的歧视行为，多通过身体语言等对少数族裔、障碍人士或女性等进行有意无意地轻视、怠慢、侮辱等。

多年的不必要的警察的盘问之后，我已经养成了审视自己行为的习惯。我不再走在像霍尔特·伦弗鲁（Holt Renfrew）和哈利·罗森（Harry Rosen）这样的高档服装店，因为我通常会被过度留意的员工盯着。要是我在餐馆付现金，我会亲手递给服务员，而不是留在餐桌上，确保没有人会指责我不付账单。[148]

这些例子说明了白人特权是如何与享受独处的特权联系在一起的。有色人种在他们自己的城市感觉像是非法入侵者和罪犯，仅仅因为在星巴克闲逛或要求使用公共卫生间这样的行为，就要面临骚扰、逮捕甚至暴力致死的风险。如同泰居·科尔所说，在白人至上的情况下，黑人漫游者是不可能的。

残碍人士独处的权利则受到了另外一种打扰。他们经常发现自己被（大多数是）好心但却是冒失的陌生人搭话，那些人在没有征得同意的情况下坚持"帮忙"。这种帮助往往包括不必要的身体接触，比如抓住轮椅或者视障人士的手臂来引导他们。使用轮椅的布朗温·伯格（Bronwyn Berg）讲述了她可怕的经历，一个陌生人从后面抓住她的轮椅，开始推着她在纳奈莫（Nanaimo）一条繁忙的街道上走，路上的行人全都对她的呼救视而不见。[149] 视障活动家艾米·卡瓦纳（Amy Kavanagh）发现，在她开始使用一根白色拐杖后，

96

人们会在她伦敦通勤的途中抓住她，于是发起了一场名为"#问就行别动手"（#JustAskDontGrab）的运动。不仅仅因为这是冒犯和粗鲁的，它还可能导致伤害。此外，它往往还代表了不耐烦和几乎不加掩饰的敌意。轮椅使用者加布丽埃勒·彼得斯（Gabrielle Peters）回忆起，有一次一个出租车司机急忙地把她推向出租车，使得她从轮椅上斜翻了出去，倒在人行道上。和伯格一样，卡瓦纳希望人们能在触碰残障人士之前征求他们的同意，并尊重他们的身体自主权。伯格说道："我们的辅助设备是我们身体的一部分。我们不是可以搬来搬去的家具。"[150] 城市环境中到处是物理障碍，这已经够糟糕了；伯格提到，她的轮椅被抓住后，她无法进入商店求助，因为外面有台阶。缺乏对基本的个人界限的尊重，使得残障人士在城市公共空间中，以他们想要或需要的方式行使行动的权利变得更加有挑战性。

独处的权利

在城市里和朋友们在一起，让少年和青年时期身为女性的我能够占据空间，尝试不同的身份，与众不同，大声表达，做我自己。朋友在这方面特别重要，因为女性在独处的时候，会进行各种各样的自我约束，避免不必要的关注和对她们身体和举止的充满敌意的监控。对独自一人的女性来说，要真正地占据空间还是十分困难的。想一想女性搭乘地铁时的身体语言和姿态的不同吧，那些无所不在的"摊手摊脚的男人"，他坐下的时候，腿张得大大的，要么占据了不止一个座位，要么迫使周围的人缩成一团。女性被社会规训得不占据空间，特别是作为个体。我们最希望的就是不被察觉。

97

然而，这种对独处的渴望远不止避免骚扰。漫步在城市的街道上，或者独自坐在拥挤的咖啡馆里，对女性来说是格外惬意的独处时间。当我成为母亲，偶尔有机会独自外出时，我确实注意到了这一点。我的身边都是人，但没有一个人有权要求我付出情绪劳动（emotional labour）。事实上，有些人还很关照我：给我端咖啡，帮我擦桌子。置身于公共场合，意识到我无论如何都不用回应孩子的哭嚎和没完没了的提问，真是令人愉悦。在城市独处对女性来说是如此难能可贵，或许正是因为在家里我们总是穷于应付。

在养育子女、家务劳动、家庭管理、人际关系和宠物照顾等方面的性别期待，意味着女性很少能在家里拥有独处的时光。和其他母亲一样，我也有很多在使用卫生间或洗澡时动不动就被打扰的经历。即使是在这些最私密的空间，打扰也是意料之中的。令人惊讶的是，睡眠不足的妈妈在家人上床睡觉后熬夜的情形十分普遍。一位博主，也是三个孩子的父亲，分享了他突然领悟到的，原来他的妻子特别疲惫，是因为深夜是唯一属于她自己的时间。这个故事里的妈妈告诉她的丈夫，由于孩子们没完没了地触摸、吵闹和各种要求，她患上了"感觉超载"①。在他们上床之后，她花时间和丈夫在一起，但绝对没有时间独处，直到他睡着。她宁愿牺牲睡眠，换取几个小时的独处时间。[151]除了晚上的"自我时间"，许多妈妈发现能保证她们独处时间的唯一办法，就是干脆离开家。

98　　坐在咖啡馆或酒吧里，或者坐在公园长椅上，拿出一本小说或杂志，是令人极为愉快的，尤其是在逃离家庭或工作的种种要求之时。甚至在公共场合一个人工作有时候也是很享受的。环境的变化和喧嚣的背景对于写作、编辑和规划研究都是有益的要素。即使评阅论文也不那么令人望而生畏了。如果我住在城市里，我几乎肯定会在各种各样我喜爱的咖啡店里写这本书。

　　很少有时间能摆脱家庭需求以及普遍过重的、与性别相关的劳动和养育工作，这使得被打扰更加令人恼怒。我知道，仅仅在公共场所坐着看书这样一个行为，终究会引起一个想了解我在读什么的男人的注意。当然，当我和一个男人一起学习或写作时，我从未被打搅过。这就是难解之谜：一

————————
①　感觉超载（sensory overload），指个体面临的感觉信息量超出其能有效处理的程度，从而感到紧张、烦躁，常见于自闭症患者、创伤后应激障碍者等身上。

个独处的女人总是被假定为可以为其他男人服务的。这与从前女性是男性的所有物的观念有关。在公共场合的女性如果没有明显的信号表明是有主的，比如在场的男性或者诸如结婚戒指（当然也有可能象征着非异性恋的结合）等一目了然的标志，那么她就是合理的目标。要打消一个并不受欢迎的男人的追求念头，女性本能地知道，最快的办法是告诉他你有男友或丈夫了。男人会更愿意尊重其他男性的所有权，而不是敬服一个女人的简单的"不"。

简·达克认为城市是"镌刻在石头上的父权制"，她还提出，女性在城市里充其量感觉自己是一个"客人"，她们知道自己实际上是在男人的领地上，如果她们"不能以特定的方式行事"，她们就会被视为擅自闯入。达克烦恼地注意到针对单身女性的经常性喊叫："来个乐子宝贝儿！"[152]当我在城市里忙于自己的事情时，我也无数次地被男人要求（命令？）"笑一个！"。而在我大声指责男人无礼的行为时，我却被告诫说要"更像个女人"。如果我没有微笑，因而也就没能表现出我友善、顺从、渴望取悦男人，那么我就是一个婊子、臭婆娘或者女同性恋。或许有人会说，男性让女性微笑并不是性别歧视，但你能想象一个男人在大街上让另一个男人微笑吗？

埃琳·温克在《女性主义者煞风景笔记》的开篇中声明道："我有一张摆臭脸。"[153]她十分后悔，当别人让她微笑

99

时，她会条件反射一般地给出一个怪里怪气的笑脸。那是父权制磋磨出来的本能反应，在强奸文化中磨砺得越发鲜明。对我们大多数人来说，这种"微笑"的反射最终会变成"竖中指"的反射，一个真正的煞风景的姿势。一个不笑的女人是有自己想法的女人，有自己的计划，不只是为了取悦男人，或者成为他们注视的对象。如果不把那些女性气质奉为特定的标准，那么一个女人或非二元性别者或流性人 ① 就不再是为了取悦或安抚异性恋男人而存在的。因此，她们是威胁。她们并不属于谁。她们的行为举止也不像所有物。

公共场所的女性

将女性视为所有物并且对女性在城市公共空间独处加以限制，这种观念由来已久。伊丽莎白·威尔逊就探讨了维多利亚时代伦敦大街上出现越来越多的女性所引发的道德恐慌。"公共的女性"（public woman）一词当然是性工作者的一种古老而委婉的说法。地位尊崇的女性有可能被错认为贫穷的女性或者性工作者，这个想法令许多人感到不安，并再次主张女性由丈夫、兄弟、父亲或年长女性陪伴的必要性。[154]

---

① 流性人（gender-fluid person），指认为自己的性别会随着时间的变化而变动的人，并不限定于某个性别。

19 世纪 70 年代，城市女性对独立的渴望日益增长，开创了巴黎的百货商店的时代，而百货商店实际上是为女性有一个合适的公共空间而设计的场合。它可以减少她们与街头那些不三不四的家伙的接触，但也在一定程度上满足她们对自由的热切追求。法国作家埃米尔·左拉（Émile Zola）1883年的小说《妇女乐园》（*Au Bonheur des Dames*）让人一瞥以巴黎第一百货商店为原型的虚构的商店的幕后。[155] 在女店员的钩心斗角、老板的爱情生活以及一家大企业与地方小店竞争的政治中，左拉的书展示了消费奇观是如何被设计来取悦女性的感官的。因此，购物场所是允许女性（至少在西方）占据公共空间的第一批场所之一。

女性主义地理学家莉兹·邦迪和莫娜·多莫什（Mona Domosh）根据一位中产阶级游客索菲·霍尔（Sophie Hall）的日记，描述了 19 世纪中叶纽约城市空间的性别模式。[156] 尽管索菲白天的活动中，总是有一位女性朋友陪同，但她对游览详细的记录还是表明这座城市是如何以性别方式划分的，从而也让白人女性享有某些适度的自由。比如，位于第十大道和第二十三大道之间，集中在百老汇和第六大道上的"女士街"（Ladies' Mile）就是"城市新的消费者展示地"，一个被视为"适合女性"的公共空间。包括博物馆和美术馆在内的地区也是索菲行程的一部分。同样，这些活动是"维多利亚时代的标准所认可的"，这些场所"被设计成安全的并且适合女性的模式”。[157]

19世纪晚期的产业秩序不仅要求致力于生产和辛勤工作，还要求致力于消费价值观。"领域划分"的性别化意味着生产可以与男性的世界相一致，而消费则与女性的世界相一致。然而，女性积极地参与消费活动，挑战了她们的合适空间仅限于家庭的观念，意味着女性需要进入典型的城市男性空间，从而实现她们作为消费者的角色。为了避免这对维多利亚时代的规范造成太大的破坏，这一变化被"城市里'女性化'消费者空间的发展所抵消——如果女性不得不待在城市的男性化街道上，那么这些街道和商店必须设计成'女性的'"。[158]重要的是，这意味着女性的白人资产阶级身份，可以通过她们在这些合乎体统的女性空间中的可见性得以安全地加强。

这些消费空间对女性开放，是因为它们并没有挑战女性与家庭和家内领域的联系。女性通过购买服装、装饰品和艺术品，实现了她们作为壁炉守护者①的角色。直到今天，独处于这些空间的女性实际上仍然"束缚"在家里。即使她正在为自己而购物，或参加我们所说的"自我关爱"活动，她独处的状态也不会破坏规范的性别秩序。身体、密友、自我

---

① 壁炉守护者（caretaker of the hearth），据《柯林斯词典》，壁炉象征着家庭。

关爱和艺术之美是规范的女性领域。

尽管自从维多利亚时代以来，合乎体统的女性标准已经有所放松，女性可以惬意地独处而不显得"格格不入"的地方，其范围却并没有什么不同。虽然今天的女性不像亲爱的索菲·霍尔那样受到限制，她甚至不被允许在公共场所吃喝，但消费、文化和娱乐的场所仍然被视为女性公共生活最适合的地点。当我研究多伦多共有公寓的开发时，我从性别意象的角度分析了数百个共有公寓的广告。女性购物、用餐、喝酒和社交的画面比女性去上班的画面要多得多。许多广告带有浓重的《欲望都市》的气息：女性城市生活的激动人心，是通过她们在多伦多市中心和其他"正在兴起"的社区中全天候的休闲和消费景观而表现的。[159]

邦迪和多莫什将索菲·霍尔 1879 年纽约之行所经历的自由和限制和莫伊拉·麦克唐纳（Moira MacDonald）的经历作了比较，后者是邦迪在 1991 年采访的来自爱丁堡的离异中产阶级白人女性。莫伊拉有一份专业的工作，拥有自己的房子，独自生活在一个令人向往的、士绅化的社区，但她觉得自己的能力受到了限制，并不能自在地进入公共场所。尽管莫伊拉坚信工作与家庭的性别平等，可她并不质疑这样的性别规范：没有监控的城市场所（比如公园）"充满了来自男性的敌意"，因而对孤身一人的她是一个不安全的场所。[160] 莫伊拉和索菲都需要调整她们的行为，以适应她们所感受到的性别上的脆弱。

尽管今天的女性与男性一样，在这些场所里的活动方式要自由得多（当然这取决于社会阶层和种族），女性仍然敏锐地意识到，孤身一人待在这些"认可"的场所之外，很容易受到不必要的关注和暴力的威胁。如同邦迪和多莫什所指出的，"20世纪晚期西方城市的公共空间是商业消费活动的场所"，它们被"评估为创造一个培育和保护中产阶级女性身份的环境"，与19世纪的购物空间极为类似。[161] 在这种背景下，我们可以看到，当代城市生活提供给女性的自由仍然受到性别规范——女性在城市里恰当的空间和角色——的约束。

今天，城市空间的女性化仍在继续。随着全球北方城市从以工业制造为基础的经济转向以知识和服务工作为基础的经济（所谓的后工业经济），城市适合男性的特征越来越多地发生了改变。像酒吧这样的，过去要么不对女性开放，要么进行性别隔离，为了吸引女性顾客，已经"软化"了许多相对男性的特质。甚至连甜甜圈店［如加拿大的天好（Tim Hortons）］和麦当劳等快餐店都改变了它们的审美，采纳了更适合家庭而不是卡车司机的温馨的、咖啡馆的特色。[162] 更改配色方案、布局、企业名称、家具和菜单（更多的色拉＝更多的女性！）以转换调性，使之对女性更舒适和安全。地理学家把这些变化与士绅化联系在一起，观察到工人阶级的体育酒吧和小餐馆正在关闭，取而代之的是没有明显性别关联的"更时髦的"（和更白人的）中产阶级空间。

我在多伦多的一个老社区——枢纽社区——亲身经历了一个从前的工业特色的工人阶级社区是如何士绅化的，其间女性空间的兴起与曾经主宰该地区的男性空间形成了鲜明的对比。主要迎合男性的油腻小餐馆、色情商店、典当商铺和酒吧，渐渐地被瑜伽工作室、美甲沙龙、咖啡馆和有机食品杂货店所取代。[163]

2000 年初，我第一次搬到枢纽社区的时候，登打士街（Dundas Street）很少有我能冒险独自进去喝咖啡或酒的地方。不是因为它们很危险，而是因为它们显然不符合我这个年轻女性的口味。这也没有关系——社区并不需要抚慰我的愿望！不过枢纽社区是一个有趣的例子，说明了城市和社区是如何把女性的舒适、愉悦和安全作为成功振兴的标志的。实际上，女性在某些场所缺乏舒适感可以被用作干预的正当理由，而这些问题重重的干预措施，为了寻求中产阶级白人女性的舒适，增加了流浪汉、有色人种等其他人的危险。在枢纽社区，女性化的第一个标志是一家狭窄的咖啡小店 Nook 的开张，它的后面有一片供孩子玩耍的小区域。

Nook 咖啡店是城市社会学家所说的"第三个地方"的一个清晰例证。[164]这些地方既不是家庭场所，也不是工作场所，但却是社区不可或缺的非正式聚会空间。在社会学家

104

索尼娅·布克曼（Sonia Bookman）有关加拿大城市居民如何理解他们把星巴克和"第二杯"（Second Cup）等特色咖啡连锁店当作城市空间来使用的研究中，她指出，有些消费者把这些咖啡馆形容为"家以外的家"。[165] 各种各样的软装饰、壁炉、书架、适合私密交谈的小桌子，以及普遍的宾至如归之感，这些咖啡馆对许多人来说是一个准公共的家空间。因此，这些咖啡馆是独自外出的女性感到受欢迎、自在和还算安全的地方，或许就不足为奇了。作为"第三个地方"，咖啡馆精心营造了一个环境（当然还有一个品牌），人们可以在那里独处、相聚。考虑到长久以来对女性独自进入公共场所的能力的限制，咖啡店是女性可以相对安全地体验城市生活精神乐趣的场所：在人群中匿名，观察他人，占据空间，被其他人包围，却能独自遐想。

105　　越来越多的"女性化"的准公共、准家庭场所，如枢纽社区的 Nook 以及最终（不可避免地？）到来的星巴克，这些都是士绅化的明显标志。我一度避之不及的空间——其停车场里满是坐在车上抽烟男人的甜甜圈店、油腻的小餐馆、体育酒吧——都开始关门了。推着昂贵婴儿车的父母在肮脏的人行道上漫步，共有公寓的开发商很快就发现了一个成熟的新市场，空气中弥漫起建造房子的声音。我并没有忘记，这一转变是为了满足像我这样的女性的偏好和愿望的。城市空间的阶级转型与让女性更安全之间相关联，这一点似乎已经被开发商、规划师和其他"振兴"的推动者当作常识接受了。当然，这一假设的核心是一种特定类型的女性形象：白人、身体健全、中产阶级和顺性别。

在枢纽社区，女性在救世军伊万杰琳女子收容所（Evangeline Women's Shelter）短期到中期居住的经历，使得这一愿景的局限也暴露出来了。这些女性历经严重的、长期的贫困，即使在该地区的振兴时期也如此。[166]随着士绅化的进一步蚕食，她们在社区人行道上的存在显得越来越不合时宜。收容所不允许她们整天待在里面，她们经常被迫孤身一人出现在公共场所，很难体验到在人群中独处的快乐。收容所的女性发现她们总是被人审视，而不是享受观察他人的乐趣。她们的外表、习惯和偶尔表现出的精神疾病都标志着她们是"另类"，尽管收容所已经存在多年，而枢纽社区长久以来都是各种各样的穷人、工人阶级、残障人士或其他"异类"人士的家园。

有一个例子说明了在公共场所独处这样一个简单的行为，是如何让收容所的住客变得格外艰难的，收容所隔壁的咖啡馆搬走了一张室外的长椅，因为顾客投诉收容所的女子坐在那里抽烟。尽管咖啡馆的老板对收容所的女性抱持同情，也参与了提供假日餐饮等资助性项目，但她受到了那些经常光顾咖啡馆的中产者要求"清理"空间的压力。[167]这就消灭了一个女性在公共场所可以安全独处的地方。在另外

106

一些情况中，女性表现出的创伤或精神疾病的外在迹象，是邻里在线上社区论坛讨论社区士绅化好处时恶毒抨击的对象。像"怪胎秀"①这样的词就传递出对那些并不总能举止正常的女性示威的敌意。这些例子提醒我们，尽管有些女性在公共场所独处的自由得到了提高，但对另外一些人的监管和安全空间的清除也同时增加了。

卫生间探讨

在这一类空间中，有一处既在可用性上受到高度限制，同时又受到高度的监管，那就是公共或者公众可进入的卫生间。当我们想到城市公共空间时，卫生间不太可能出现在脑海中，而实际上这才是问题的核心。这是一个我们想要并且也经常需要独处的空间，还常常是以急迫的有时甚至是十万火急的方式，卫生间——或者缺少卫生间——产生了有关安全、无障碍、性别、性取向、阶级、无家可归、种族等各种各样的问题。

像许多其他问题一样，当我有一个婴儿，然后他（她）又长成了一个学着上厕所的蹒跚学步的宝宝时，卫生间的使

107

---

① 怪胎秀（freak show），指以畸形人为主题、满足观众猎奇心理的展览。

用很明显成了一个令人关切的城市问题。我很快就明白百货商店是我们最好的选择，那里可以紧急更换尿布，有可以哺乳的地方，清洁状况和物品补充都还不错。百货商店在建造空间时考虑到了女性的舒适，虽然并不一定是明确地为母亲们提供最好的服务而建的，但它们的卫生间很宽敞，有许多隔间，电梯或自动扶梯可达，有椅子可以坐着哺乳，有婴儿更换尿布的护理台，是一个婴儿车可以放在外面的安全空间，等等。在格外乱成一团的外出时，我也可以在这些地方快速地买到衣服，替换掉溅上粪便的连体衣。事实上，无论我有没有带着孩子，百货公司仍然是我会"去"的首选之地。不幸的是，城市百货商店正在消失，随之而去的是它们舒适方便的卫生间。

离开"妇女乐园"①这个相当舒适的世界，要在城市里寻找好去处令人望而生畏。在《无处可去：公共卫生间为何不能满足私人需求》(*No Place to Go: How Public Toilets Fail Our Private Needs*) 中，记者、作家莱兹莉·洛（Lezlie Lowe）问道："为什么公共卫生间这么糟糕？"[168] 洛回忆自己的经历，面对上了锁、要走下陡峭的楼梯、污秽肮脏、充满危险、距离主要街道和活动中心很远的"公共"卫生间，她调查了城

---

① 指前文提到的左拉的小说《妇女乐园》，其背景设置是巴黎一家新兴的大百货商店。

市是如何以及为何把或者说没有把公共卫生间作为优先事项的历史。洛指出，在维多利亚时代，不断发展的城市认识到对城市公共卫生间的需求；然而，这些卫生间根本没有注意到女性、儿童或残障人士的需求。随着时间的推移，越来越依靠私人的或准私人的实体——百货商店、政府机构、咖啡馆等——来提供这些空间。然而，如同我们大多数人所知道的，这些场所很少能保证进入，实际上很有可能受到保安、自助缴费机和大门密码的防范，而这些都是为了限制谁可以进入，什么样的活动允许发生而设置的。那两个黑人在星巴克遭到的磨难，显然始于两人在买上一杯之前，其中有个人先索要了卫生间的钥匙。必须获得许可才能进入一个满足人类最基本和最普遍需求的空间，导致了这两个人或许会受伤或者死亡的情况。

对卫生间的需求和使用也存在根深蒂固的性别问题。其中有些问题混杂了复杂的生理和文化的因素，这决定了生理结构不同的人是如何使用卫生间的。对大部分女性来说，解手需要更长的时间，常常要包括解决月经的需求，还要脱下衣服或者对着装进行大的调整。我们需要更多的卫生纸，挂大衣和手提包的地方，有门的隔间，我们更有可能对婴儿、儿童、残障人士、家中长辈对卫生间的需求负责地提供帮助。然而，如同洛所指出的，大多数卫生间在认识到并且满足这些需求方面极其糟糕。

在某种程度上，这个问题源于这样一个事实，大多数建筑师和规划师是男性，他们很少有时间真正考虑女性在卫生间想要或需要什么。但这也与谈论"卫生间里的东西"的禁忌，尤其是月经的禁忌有关。洛写道，月经"对于在公共建筑和公共空间里设计和安装卫生间的（大多数）顺性别男性来说，几乎完全不被了解"。[169] 没有人愿意讨论流血、卫生用品，或进行基本的月经护理所需要的干净、舒适的场所。没有人愿意承认月经期间使用卫生间的时间要更长，会引起更频繁的排尿，还包括挤压引起的急迫排便，以及需要立刻处理的"大出血"。没有人愿意认同跨性别男士也可能需要用品和设施来处理月经问题。没有人愿意帮助无家可归的女性，解决卫生巾和卫生棉条的成本以及城市里缺乏免费可用的卫生间的问题（尽管加拿大一家大型连锁药店很快就将为有需求的女性提供免费的月经用品盒）。

在世界各地，女性已经采取行动，坚持她们平等和适度使用卫生间的权利。像英国的克拉拉·格里德（Clara Greed）和苏珊·坎宁安（Susan Cunningham）以及加拿大的琼·库耶克（Joan Kuyek）这样的女性，由于致力于推动把卫生间的使用提上政府、规划师、建筑商、建筑师的议程而被称为"卫生间女士"。在新德里的定居点，女性社区领导人提倡把卫生设施作为当地的优先事项，并指出女性每次在队伍中要排20分钟以上的时间，才能使用唯一可用的设施：公共卫

109

生间。在印度，更普遍的是，卫生间的使用成为女性反性侵犯行动主义的核心。2014 年，两名在夜晚的野地里方便的女孩被强奸后杀害，这一令人震惊的事件引发了全国性的抗议，并在全球范围引起了对一个长期存在的问题的关注：女人和女孩缺乏安全的设施，使得她们面临更大的暴力风险。莎米拉·穆尔蒂（Sharmila Murthy）解释道：

据估计，全球约有 25 亿人无法获得适当的卫生设施，其中最多的人口居住在印度……许多生活在农村或城市贫民窟的贫困女性，减少她们的食物和饮水的摄入量，以尽量降低排泄的需要，一直等到夜幕降临。女孩经常不上学，如果那里没有私人卫生间的话，在月经开始后更是如此。每天约有 2200 名孩子死于与环境卫生和个人卫生有关的腹泻病，这也影响到作为母亲和养育者的女性。最后，等到夜晚才方便不仅是不人道的，它还会使女性容易受到性侵犯。[170]

联合国承认，环境卫生不仅是女性的权利问题，也是人权问题，但在具体的发展目标方面却进展甚微。

跨性别者被推到了卫生间运动的前线，因为他们在工作场所、学校和公共建筑中试图使用适当的设施时往往会面临排斥、危险和暴力。[171] 洛写道："如果说今天的公共卫生间发生了什么革命，那就是由跨性别群体推动的。"[172]虽然残障人士倡议者成功地改变了卫生间的物理形态，使无障碍隔间、洗手池和门成为一切新建筑的强制配置，但跨性别人士很有可能处于卫生间使用的下一个重大变革的最前沿：部分地废除按照性别进行的卫生间隔离，以及更多的单人的、全性别/无性别的卫生间的兴起。

早在20世纪90年代，我的大学宿舍就有男女共用的多隔间卫生间和淋浴设施。我花了一两天的时间才习惯看到穿着四角裤的男生晃到洗手池这里，或者从淋浴间走出来。我们遇到的一些问题不能都归于性别差异。比如，有一个长周末①期间在卫生间**旁边**地板上拉屎的人的性别就从未搞清楚过。然而，这种完全废除性别隔离的安排仍然极为罕见。二元性别隔离是常态，对谁进入哪个空间的正式或非正式的监管，意味着跨性别人群和其他不符合严格性别规范的人一样，在处理这一日常的基本需求时都要面临压力、恐惧以及潜在的骚扰、暴力的威胁。那些顺性别男人打扮成女人的样子，为了窥探或侵犯女性而进入卫生间——这一吓人的形象一直被用作不正当的理由，试图以此确定一个使用性别隔离卫生间的人的生殖器。如果顺性别男人真的必须花上够多的

111

---

① 长周末（long weekend），至少持续三天的周末，在大多数国家是四天。

时间变装成女性才能对女人实行性暴力，那么我怀疑性侵犯事件就会少得多了。我并不是在此小看实际上的性暴力。相反，我认为对"假的"跨性别女性的担忧纯粹源于跨性别恐惧（transphobia），而不是真正地忧虑女性——跨性别和顺性别——实际上经历的暴力。

有一些公共机构，如大学校园和拥有公众可进入的卫生间的企业已经开始让单人卫生间①不再有性别区分，这一举措显然很有意义，除了新的标牌和卫生用品处理套件之外，也几乎不需要什么资源。然而，把所有的卫生间都改造成单人使用，就空间而言是既昂贵又低效。它可能导致排长队，或许也不利于那些需要更直接地使用设施的残障人士。把所有的多隔间的卫生间都改成无性别差异的空间，对于有宗教信仰限制的人也很成问题。简而言之，并没有单一的解决方案可以完全来自我们对建成形式的改换。同城市内外许多其他的问题一样，它也要求社会的变革。单人卫生间不会消除对跨性别者的恐惧，也不能结束基于性别歧视的暴力。然而，与此同时，确保包括性别、能力和阶层在内的所有人都能最大限度地使用卫生间，对于创建女性主义城市是必要的步骤。

---

① 单人卫生间（single-stall washroom），指包含一个坐便器、一个洗手池，并且可上锁的单间。

女性占据空间

这种你没办法知道你能不能在城市里方便的限制，是我并不怀念城市街头生活的又一个原因，那种生活要么不存在，要么仅限于少数有特权的人。与其把一个没有耳机、智能手机和智能手表的时代浪漫化，我更愿意想象一个城市，在那里女性可以戴上耳机而不用被打扰，或者选择根本不戴耳机，却有同样的结果。在某些情况下，便携科技是创新工具，允许女性在城市空间里维护自己的存在。女性主义地理学家阿约娜·达塔（Ayona Datta）注意到，德里郊外贫民窟安置点女性研究的参与者都是"狂热的自拍爱好者"。达塔推论道，

> 这些自拍表明，置身于城市对女性来说是一种解放，它们代表了一种新发现的自由，超越了家庭和传统性别角色的束缚。通过这些自拍，女性在各种不同的公共场所展示自己的到来时，将城市安放在一臂之远的距离，把自己置于画面的中心。[173]

不管有没有便携科技，我都不会想象这样一个城市，每个人套在一个小小的透明圆罩里走来走去，自己给自己拍照，与其他人类、非人类以及环境本身的互动都极少。相

反，我想说的是，在舒适、安全和自主的情况下能自由自在地行事，是那种人们愿意彼此交往并且与环境充分互动的城市的基础。想象女性的这种自由也迫使我们关注其他群体，他们仅仅是出现在公共场合，其权利就会惯常地受到侵犯和主动地监管。

113　　　占据空间的权利是享受独处的乐趣和更广泛的性别和权力的政治相遇的地方。社会化但却不为人注意，这影响了女性承担公共角色并表达她们意见的倾向（或缺乏这种倾向），无论是通过竞选政治职位，还是成为专业人士，或是在互联网上发声。这种社会化被女性敢于以个人身份站起来时所面对的厌女言论变本加厉地强化了。比如，加拿大艾伯塔省（Alberta）的前省长蕾切尔·诺特利（Rachel Notley）经常由于她的性别而不是政策（或者更确切地说，这些是混为一谈的：她的"糟糕"的政策是她的性别造成的）而成为攻击的目标。希拉里·克林顿竞选总统时的负面新闻报道和缺乏民众的支持，厌女症显然功不可没。这些女性成为此类攻击的围追目标，是因为她们敢于被人注意到。像安妮塔·萨琪西（Anita Sarkeesian）和林迪·韦斯特（Lindy West）这样在社交媒体上发表（女性主义）意见的女性就被告知，她们应当预料到并且也只能接受暴力侮辱、强奸威胁，甚至是面对面的骚扰，因为这是对她们表达自己的想法和占据虚拟空间的"自然"的反应。[174]这也与当地的城市尺度密切相关，坚持占据公共空间的普通女性同样会被视为骚扰甚至暴力的攻击目标。通过这种方式，对公共场所的女性的限制（自我施加的或其他的）具备了深远的影响，并与其他形式的性别压迫和不平等联系了起来。

在本章的前面，我描述了两名费城男性在星巴克等候朋友时被捕的事情。在写下这段话和这个结局之后的两到三周的时间里，又爆出了种种新闻：一位家长向警局举报了两个参观校园的印第安男子，因为他们"太过安静"；耶鲁的一位白人女性报警说有一个黑人女性学生在自习教室睡着了；邻居们在黑人女性从爱彼迎退房时报警，因为他们认为她们正在偷窃。我能举出更多的例子，全都发生在过去两三周内。显而易见的是，有色人种惯常被当作城市的闯入者。如同父权制在城市环境中被奉为神龛一样，白人至上也是我们赖以生存的基础。

一个人能在多大程度上"置身于"城市空间，这向我们透露了很多信息，关于谁拥有权力，关于谁认为他们在城市中的权利是自然权利，而谁又始终被认为是格格不入的。它反映了社会既有的歧视结构，很好地揭示了不同人群之间仍存在的差距。作为一个顺性别的白人女性，我不太可能被要求离开公共场所，不太可能被警察传唤，或者在百货商店被紧盯不放。然而，与此同时，我也会注意自己的穿着、姿态、脸部表情和其他暗示，以避免来自男性的骚扰和不必要的注意。强奸文化告诉我们，在公共场所孤身一人就是把自己暴露在性暴力的威胁之下，也因此，警惕是大多数女性在城市中独处的经验的一部分。但有没有可能不是这样的？我们又该怎样努力来实现它？

CHAPTER FOUR

第四章　抗议之城

最初投身于抗议活动的时候，有一次我被逮捕了。我不记得我是怎么听说这个活动的，不过很有可能是通过多伦多大学的女性中心（the Women's Centre）。当时我在读大学二年级，正沉浸于我的第一门女性研究课程，也刚涉足校园里的女性主义组织和行动主义。一个最近才当选的保守的省政府大幅削减了针对家庭暴力性侵犯受害者的服务。来自多伦多强奸危机干预中心（Toronto Rape Crisis Centre）等反暴力机构的女性想要封闭女王公园（Queen's Park）外面的一个十字路口，那是安大略省（Ontario）立法议会的所在。而我已准备好直接参与这个会妨碍城市秩序的活动，已准备好与我的姐妹们一起被捕。

20世纪90年代的中后期，安大略省涌现了强烈的抗议精神，工会成功地组织了大规模的一天总罢工，也就是从

1995 年底开始的"行动日"运动。1996 年 10 月 25 日，我参加了多伦多的行动日，在我印象中这是我第一次经历大规模的抗议活动。估计有 25 万人——安大略省有史以来最大规模的抗议活动——从湖岸步行了 5 公里到议会。[175] 游行队伍的末尾花了一整天的时间才回到女王公园的起点。太令人振奋了。我从来没有感觉自己是如此宏大事件的一部分，如此地充满了集体的活力。在这之前我从未以这种方式体验过城市：占领街道，与陌生人手挽手，表达愤怒、喜悦和团结。我永远不想让它结束。

因此，当我们听说女性主义活动家正在组织一场直接的行动来抗议政府削减女性服务时，我和我的朋友兼女性主义导师特丽莎（Theresa）热切地想了解更多。每次我一想到这件事，我都会感到脊椎一激灵。我迫不及待地想把我的女性主义政治带出教室，走上街头，凑巧的是那里离我的出生地只有一个街区。这很顺理成章。

有一天晚上我们约在多伦多大学的女性中心见面做准备。组织者想要澄清这是一场未经批准的抗议。我们没有许可，没有警察保护。实际上，一旦警察到场，我们就会被逮捕。基本上，这次会面的重点就是教会我们怎样才能安全地被警察拖走，而不会面临拒捕的指控。

回想起来，只可能是我的年轻、天真和特殊待遇，让我还不能理解，计划在工作日让不到三十个人去堵住主要的十字路口是多么莽撞。我不记得曾感到害怕，也没有丝毫犹豫，更没有质疑组织者的策略。我很激动能加入这群令人敬畏的行动者中，他们准备为自己的梦想铤而走险。他们让我们对抗议那天实际发生的事情做好了充分的准备。事实上，一切都按照他们预测的那样发生了。

我对这次抗议最鲜活的记忆就是我们举着巨大的白色横幅，上面印着黑人女性主义学者和活动家奥德雷·洛德的名言："你的沉默保护不了你。"[176] 我们一同走到了十字路口，围成一个大圈坐了下来。我们唱着歌，不过我不记得唱了些什么。我不确定过了多久警察才赶到。警察们开始抵达，并告诉我们要么离开，要么被捕。没有人站起来。组织者曾经警告过我们，警察可能会很粗鲁，会辱骂我们。但他们没有人这么做。他们很平静，最终我们也很平静，一个接一个地，我们每个人都被两个警察穿过腋下从地面抬了起来。这一切都是事实。我们被抬到了警车上，拍照，正式逮捕，搜身，然后被关进车里。我们没有戴手铐。很快，二十多个抗议者被送进了车厢，并且在我们还没有反应过来之前，就行驶了一小段路，我们在 52 区的一个拘留所里待了一个下午。抗议结束了。

117

城市的权利

在过去的两个世纪中，对于大多数重大的社会和政治运动来说，城市一直是行动主义的主要场所。城市把足够多的人、直接传达信息给权力机构（政府、公司、华尔街和国际组织等）以及获得通信和媒体渠道的能力结合在一起，提供了合适的资源组合，使得抗议为更多的人所知并且也更加有效。尽管社交媒体在产生推动力方面发挥了越来越大的作用，如 #BlackLivesMatter（黑人的命也是命），但在严峻的关口大多数运动还是"走上街头"。即使你从未参加过抗议活动，无论你住在什么规模的城市，你很可能已经目睹过某种形式的政治行动。

118　　　　行动主义，尤其是公共抗议，把我和城市以及女性主义政治以如此关键的方式联系了起来。早在我了解左翼城市观念"城市权"[1]之前，参与抗议活动就带给我鲜活的城市归属感，并坚定了我对广泛存在的不公正的义愤，这种不公正不仅影响了我的，还影响了数百万人的生活。抗议活动总是使我越发义愤填膺，让我更坚持我对改变的承诺，充满活力地去成为一个学者和教师。它们还教给我关于团结和联盟的观念，关于女性主义和其他社会运动的关系，关于交叉性以及它的得失成败。它们激发了我关于一个女性主义城市可以和应该是怎样的全部想法。

---

[1]　城市权（the right to the city），由法国马克思主义哲学和社会学家亨利·列斐伏尔（Henri Lefebvre）提出，指人们进入城市、居住在城市、参与城市生活、平等使用和塑造城市的权利。

愤怒的女性走上城市街头的形象很容易就浮现在我的脑海里：争取女性选举权的人游行穿过海德公园；在纽约的石墙酒吧，有色人种跨性别女性和变装皇后 ① 站在与警察对抗的前列 ②；在多伦多，酷儿女性领导人叫停了 2016 年的骄傲大游行；在喀拉拉邦各地，估计有 500 万女性组成人链，为能平等地进入寺庙而斗争。正如法国马克思主义哲学家亨利·列斐伏尔所言，女性在历史上一直把城市当作斗争的场所和阵地。[177] 换言之，城市是被听见的所在；也是我们为之奋斗的地方。为归属、为安全、为生存，为代表我们的社区以及其他种种而奋斗。[178]

尝试勾勒女性主义城市的愿景就必须考虑行动主义的作用。边缘群体很少（如果有过的话）不经过斗争就"得到"什么东西——自由、权利、认可和资源。无论是投票、乘坐公共汽车，还是进入空间的权利，人们都必须要求变革才能获得。有时候，这种要求表现为公共抗议的形式，女性主义对于城市的要求也是如此。我知道，我享受到的自由，虽然还不完备，但借用玛吉·纳尔逊（Maggie Nelson）的话来说，是由"各种性别的母亲们"的大胆的行动而产生的，是

119

---

① 变装皇后（drag queen），或译作"伪娘"，指扮演、模仿女性样貌和行为的男性。
② 指 1969 年 6 月 28 日在纽约石墙酒吧（Stonewall Inn）爆发的同性恋维权事件，被认为是美国甚至世界同性恋权利运动的起点。

她们用思想、心灵和身体来抗争，要求进入城市及其所需要的一切：工作、教育、文化和政治等等。回顾这段历史，并且在其中找到我自己的位置，是我思考当下和未来的女性主义城市的核心。我们现在所拥有的一切都是奋斗而来的；我们将来能获得的一切也必将是奋斗才能得到的。

女性的城市行动主义有许多形式。在 19 世纪后期，像芝加哥的简·亚当斯和艾达·B. 韦尔斯不仅为女性——尤其是移民和黑人女性而呼吁，她们还开创了类似于赫尔之家这样新的居住和教育的模式，以及研究和理解城市女性生活的新方法。在 20 世纪后期，女性规划师参与了市政行动主义，将女性问题提上城市议程，类似于"多伦多女性规划"（Women Plan Toronto）这样的团体的工作。[179] 甚至我们在前一章提到的"卫生间女士"，也是这种长久而深刻的行动主义的历史的一部分。我想要更具体地思考采取集体抗争的行动主义，利用城市的物理空间来与政府、公司、雇主和警察等强大的力量对抗，正是这些力量促成了女性和其他边缘人群的生活。抗议活动从来都有它们自身的内部斗争和矛盾，所有这一切都促使我重新考量女性主义是什么，女性主义空间又是怎样的。[180]

我第一次"夺回夜晚"（Take Back the Night，简称 TBTN）的游行就发生在女王公园抗议活动之后不久。我看到了很多熟悉的女性面孔，来自反暴力抗议活动、多伦多强奸危机干预中心、多伦多大学女性中心。伴随着蜡烛、热巧克力和越来越嘶哑的嗓音，纯女性的游行队伍从市中心向东区行进。随着诸多西区社区步入早期士绅化的阶段，许多穷人、工人阶级和无家可归的人被迫移居到多伦多央街以东的地方。虽然这里被认为是犯罪率很高的地区，但同样也是到处可见街头性工作者的地方。换句话说，在公众的想象中，市中心的东面是一处令人害怕的堕落地带。对女性来说，这是一个可怕又危险的地方。

"夺回夜晚"的游行可以追溯到20世纪70年代中期的北美，当时费城、纽约和旧金山等城市里的激进女性主义者为了提高人们对针对女性的暴力的认识而举行了抗议活动。"夺回夜晚"不仅是要求归还夜晚，也是为了收回空间：它坚持女性有权在任何时间，安全、自信地进入所有的城市空间。在加拿大，温哥华是第一个在"温哥华强奸救援"（Vancouver Rape Relief）的组织下定期举行游行的城市。为了协调全国的活动，各地的性侵犯危机干预中心开始计划在每年9月的第三个星期五举行游行。[181] 世界各地的许多城市，无论大小（甚至是小小的萨克维尔），都会举办"夺回夜晚"活动，或是定期的，或是为了回应在公共场所发生的特别令人不安的针对女性的暴力行为。

作为一个西区女孩，我对教堂街（Church Street）同性恋村以东的一切都极其陌生。随着游行队伍向东冒险行进令人兴奋。我永远不会一个人在那里闲逛。由于当时我对这片地区很不熟悉，我不记得我们到了哪里。我清楚地记得是在一家多伦多标志性的脱衣舞俱乐部外停留过。很有可能是女王（Queen）大街和布罗德维尤（Broadview）大道之间的吉丽（Jilly's，如今是一家精品酒店）。当时我并没有想过质疑这是否是对性工作者的排斥，或者性工作者是否是我们想象中要为其"夺回"夜晚的女性群体中的一部分。我有点太年轻，兴奋过了头，没有充分意识到 20 世纪 90 年代造就"夺回夜晚"活动的更广泛的政治因素。安德烈娅·德沃金（Andrea Dworkin）和凯瑟琳·麦金农（Catherine MacKinnon）等反色情、反暴力的活动家与"性支持"① 第三波女性主义者之间的所谓女性主义"性战争"正在全面展开。对有些人来说，"夺回夜晚"是女性主义反对性政治的一个典型例子，它未能考虑卷入卖淫、色情舞蹈、色情作品等性工作的女性的主体性。事实上，1980 年有一篇著名的反色情作品文章的标题就是《夺回夜晚：女性和色情作品》（ *Take Back the Night: Women and Pornography* ）[182]。不幸的是，当我们在吉丽的外面停下来喧哗不已的时候，这些都没有困扰到我。

---

① 性支持（pro-sex），强调女性对性和爱的自主权，认为唯有女性可以自主地决定自己身体，也支持性工作者合法化。

　　我也没有想过这场游行作为女性专有空间的政治意义。当然，我的女性研究课程已经涵盖了定义"女性"的困难，还有在历史上被排除在这一类别之外的群体，不过坦率地说，我们很少讨论跨性别女性，流性人和非二元身份也很少被考虑。我作为一个顺性别女性（20世纪90年代绝对没有使用的一个概念！），"夺回夜晚"的"女性专有"的属性是令人兴奋的部分原因，也多少有一种赋权感。我没有停下来思考跨性别女性是否会受到接纳，如同我没有想过我们的口号声很可能打断了那些性工作者的生意一样，更没有注意到居住在这些社区的女性和她们对这种"夺回"行动的感受。

　　随着视角、年龄的变化，以及更多地接触到来自黑人、原住民、有色人种、残障人士和跨性别人群的批评，我更好地理解了抗议空间能够并且确实再生产了特权和压迫体系以及暴力行为。如今，我对"夺回"行动中所隐含的殖民态度以及引导游行队伍穿过市中心以东地区的种族和阶级动态有了足够的了解，也足以让我感到羞愧。考虑到"夺回夜晚"运动的激进女性主义的根源和一些激进女性主义者对跨性别女性的敌意，我认为这些游行对于跨性别女性来说并不是安全和受欢迎的空间。尽管跨性别女性是性别化暴力高得不成比例的受害者，她们还是必须去创造自己的行动空间，同时也要争取融入女性主义活动和空间。[183]最近，采用粉红

122

色"猫咪帽"①为象征的反特朗普的女性大游行被视为一个典型例子，说明了对女性狭隘的生物学理解仍然可以渗透到女性主义组织中，象征性地排除了跨性别、双性和非二元性别人。

游行和抗议也隐晦地把健全的身体视为当然的，它们强调运动、占据空间的能力和身体对抗的可能性。尽管数十年来，残障人士一直在围绕残疾人权利进行引人注目的，甚至是对抗性的抗议活动，包括最近由于修改《美国残障人士法案》（Americans With Disabilities Act）而占领参议院办公室的行动，但大多数不关注残疾的抗议都在可达性上惨遭失败。从难以到达的路线和集合点、行动的速度、缺乏满足不同视觉和听觉需求的设施，到在口号和标语牌中使用歧视残障人士的语言，城市抗议活动通常都把残障人士排除在外。

残障人士和跨性别人群在鼓励激进组织做得更好方面的成果是显而易见的。在多伦多这样的城市，"夺回夜晚"如

---

① 猫咪帽（pussy hat），"pussy"这个词含有双关意，此处既指猫咪，也指女性的外阴。美国总统特朗普 2017 年 1 月 20 日上任后的第二天，美国女性头戴粉红色"猫咪帽"举行了一场反特朗普的大游行，要求女性平等的权利。但随后，一部分女性主义者认为"猫咪帽"粉红的颜色假定了所有女性的外阴都是这个颜色，歧视了有色人种，而它的外形则排斥了跨性别等群体。

今在目标和组织上都明确表示了其交叉性。它的网站把"夺回夜晚"描述为

> 纪念性暴力受害者经历的民间活动；性侵犯、儿童性暴力、家庭暴力以及警察粗暴执法、种族歧视、性别歧视压迫和其他形式的制度化暴力等国家暴力的受害者……该活动欢迎所有性别的人参加，包括跨性别者。[184]

该活动还确保轮椅无障碍、美国手语翻译、陪同护理和儿童看护。

自力更生的安全

然而，20世纪90年代初，"夺回夜晚"更关心的是应对众多女性在城市大街上经历的暴行。在多伦多，由"士嘉堡强奸犯"保罗·伯纳德所犯下的持续数年的恐怖袭击并最终演变成强奸和谋杀的罪行即将画上句号。20世纪80年代中期，"阳台强奸犯"保罗·卡洛（Paul Callow）在韦尔斯利（Wellesley）和谢尔伯恩（Sherbourne）附近的东区强奸了五名女性，他通过低层阳台进入她们的公寓，人们对此记忆犹新。他的第五名受害者——也就是众所周知的"无名

氏"①——对多伦多警方提起诉讼，因为他们有意不提醒女性注意这一系列袭击事件；实际上，警方是在利用女性做诱饵来抓捕强奸犯。[185]无名氏于1998年赢得了案子，但持续上演的一连串事件提醒我们许多人，在制止针对女性的暴力方面，警方并不是可靠的盟友，很有必要采取"我们自己解决问题的方式"。在这种背景下，"夺回夜晚"游行特别注意经过城市中女性面临公共暴力并且无法依靠警察保护的区域。

城市中女性反暴力的行动发生在这样一个世界里，警察顶多被视为冷漠的旁观者。臭名昭著的是，温哥华警方和皇家骑警队长期以来拒绝把市中心东区的多起女性失踪事件——其中许多是原住民或性工作者——与一个连环杀手的可能活动联系起来。鉴于一名男子被披露并最终定罪六起谋杀案（据说他承认了近五十起谋杀），人们据此对警方的行动和态度进行了审查，因而揭露了警方及其工作人员彻底的种族主义和性别歧视，还有对性工作者的严重蔑视。由市中心东区女性中心（Downtown Eastside Women's Centre）准备的《红种女性在崛起》②报告，则强调了持续存在的女性对警

---

① 无名氏，原文为 Jane Doe（简·多伊），指法律诉讼案中的无名女性，男性则为 John Doe（约翰·多伊），多见于美国和加拿大。
② 《红种女性在崛起》(Red Women Rising)，红种人是对美洲印第安人的误称，"红种女性在崛起"项目是温哥华市中心东区对印第安原住民的一个救援项目。

察的不信任：

> 在市中心东区，对贫困的刑事定罪与特别的对原住民女性的过度监控和过度治安叠加在一起，标志着通过法院和监狱开始了与刑事司法系统的长期纠葛。从根本上说，刑事司法系统是解决社会和经济问题的不适当和压迫性的工具，加拿大法律系统是强加给原住民群体的外来的和殖民的系统。

该报告的正式建议包括加强对警察的问责、结束街头检查和废除把性交易中的女性定为犯罪或增加对其伤害的法律条文。自从1992年以来，每年2月14日市中心东区的女性都要举行纪念游行，追思失踪和被害女性的生命，悼念该地区丧生的所有女性。[186]

2011年发起的"荡妇游行"（Slutwalks）是直接由警方态度引发的抗议活动之一。在约克大学奥古斯德霍尔法学院（York University's Osgoode Hall law school）一次校园安全宣讲会上，一位多伦多警官告诉参会者，女性如果希望平平安安地不受侵犯，就不应当"穿得像个荡妇"。[187]激怒难平的女性和盟友在加拿大各城市组织了一系列名为"荡妇游行"的示威活动，并且逐渐传播到全世界。荡妇游行发生在城市的街道上和大学的校园里。参与者故意挑战了性侵犯的受害

125

者是"自找的"这个观念，她们穿上各种各样惊世骇俗的服装，包括"淫荡的"等等。她们提醒公众，强奸文化无处不在，而警方通常更多的是维护强奸文化，而不是挑战之。[188]

尽管其他城市的女性有时候会去掉"荡妇游行"这个名称，鼓励女性正常着装，但有必要挑战骚扰和暴力的正常化，这一诉求是大同小异的。女性和性别研究学者杜尔瓦·米特拉（Durba Mitra）回顾了 2011 年印度各地由荡妇游行所激发的行动，指出"骄傲大游行"的抗议活动——或者在印度叫作 Besharmi Morcha（"伤风败俗集会"）——遭到了警方的强烈反对。虽然博帕尔（Bhopal）和德里的抗议活动继续进行，但班加罗尔（Bangalore）的却被取消了。米特拉表示，警方主动地加入对受害者的指责，她引用一位警察局长的话说，他"指责女性用'时髦的服饰'引诱男人"。[189]虽然印度的骄傲大游行没有吸引到像多伦多这样的城市那么多的人数，部分原因是没有牢牢抓住西方女性主义者的尝试，重新利用像"荡妇"这样的术语和概念，但米特拉认为，它们还是促成了一场关于女性社会规范和暴力正常化的重要对话。

虽然 #MeToo 运动在很大程度上与网络曝光以及受到关注的受害者讲述她们的故事有关，但世界各地的女性还是抓住了这一时机，加强了她们对反骚扰和反性别化暴力的动员，同时抗议警察、刑事司法系统和其他机构在打击暴力上

126

的失败。话题标签 #Cuéntalo（西班牙语"讲述你的故事"）是为了回应 2018 年在潘普洛纳（Pamplona）被指控强奸的五名男子无罪开释而出现的，这一标签传播到拉丁美洲，激励女性对厌女凶杀的高发率和罪犯被判免于惩罚作出回应。在智利，学生在 2018 年春夏"发起了一波罢课、占领和抗议活动，反对该国在大学里的性骚扰和性别歧视"。学生积极分子把他们的事业与该地区存在的暴力以及没有生育权等更广泛的问题联系起来，并承诺这是向社会其他领域进发的更广大的运动的开始。[190]

　　所有这些运动都抵制强奸文化的"天然化"的地理学：即性侵犯在某些空间（大学校园、"糟糕的"社区）几乎是无可避免的，而像女性这样的弱势人群要么避开这些地方，要么以保守的穿着来预防。在 20 世纪 90 年代，当我步入成年时期，类似于"夺回夜晚"这样的事件帮助我确定了我所感受到的——对一百万个双重标准的满腔义愤——是正当的。这不仅仅是我还在发育的大脑对世界的愤世嫉俗。这是对一个系统的合理反应。这个系统给我这样的城市年轻女性制定了不一样的规则。如果我不遵守这些规则，这个系统就威胁用性暴力来惩罚我。游行和抗议告诉我，抵抗是可以的，是很好的，也是必要的。它们给了我一个表达和阐明我对城市早期女性主义的主张的出口。它们还促使我去思考，我的特权是如何使得某些行动、情绪，甚至使用"荡妇"这

127

样的蔑称对我来说都是可行的，而其他人就不那么容易。换句话说，那个时候我正在了解到，城市里的女性主义政治充满了错综复杂的权力关系。

性别化维权劳工

早年的这些经验本应让我很好地认识到其他运动中普遍存在的权力动态 ① 和等级制度。然而，我承认，在其他地方，尤其是劳工维权领域，我看见的性别歧视、种族主义、残障歧视和跨性别恐惧，还是让我感到出乎意料。罢工使得这些分歧极其明显。2008 年，我刚在约克大学完成我的博士学业，但仍是一个加入工会的兼职讲师。我们工会在 11 月初举行了罢工，我们要一直罢工到 1 月底。严寒之中在校园周围主要的十字路口站了三个月，不仅导致交通滞缓，也使得学校大多数运转停滞。在一个人们认为自己的驾驶权被庄严地写入《宪章》的城市里，堵塞交通既有压力，也很危险。没过多久，那些根深蒂固的关于行动主义、关怀和劳动性别分工的异性恋正统的假设开始在罢工警戒线这里冒出了头。

突然之间，我那些书呆子气的、说话温文尔雅的男同事

---

① 权力动态（power dynamics），指不同的人或不同的群体之间互动的方式，其中一方比另一方的权力更大。

变成了骨子里的"林中男人"，为了生火桶而砍树，显摆他们点火的技能。与车辆和司机的冲突很快升级，男人气势汹汹地冲向一切棘手的突发状况。与此同时，女性和酷儿群体正无声地承担了情感的和家务的工作。我们去安抚愤怒的司机，安慰不安的或受伤的罢工者，制作更多的热巧克力，用音乐和舞蹈来提振情绪。等我们注意到这些动态变化的时候，每个人都适应了自己的"罢工角色"，并且也很难挑战已经建立的模式。在城市十字路口，传统的异性恋-父权制的家庭复活了。

我从理智上知道，社会运动往往都是以这样的方式划分性别的。男人成为有魅力、有远见的公共领袖。他们看起来在规划运动的进程，并为所有参与其中的人作出重大决定。女性领导人常常被从官方通告中抹去，或者为媒体所忽视。拉纳达·战争·杰克 [①] 在回忆 1969 年美国印第安运动（American Indian Movement）的成员对恶魔岛 [②] 为期 19 个月的占领时指出，人们把"占领恶魔岛"归功于男性，而女性的领导则被低估了。[191] 女性经常被发现从事基础、体

---

① 拉纳达·战争·杰克（LaNada War Jack），原名为拉纳达·凡尔纳·布瓦耶（LaNada Vernae Boyer），美国作家、活动家，1968 年入学加州大学伯克利分校，是美国第一个进入大学学习的原住民学生。

② 恶魔岛（Alcatraz Island），美国加利福尼亚州旧金山湾的一座小岛，曾是联邦监狱所在地，1963 年废止，后成为观光景点。

力、情感和家务劳动。女性挨家挨户上门宣传，她们印制传单，她们制作三明治，她们申请获得各种许可，她们撰写新闻通稿。在恶魔岛，女性为了维持长期的占领建立了厨房、学校和医务室，这在海岸警卫队切断了大多数资源后十分重要。女性关怀他人的情感，并且维护参与运动的人员之间的关系。[192]占领埃德蒙顿①的活动家切尔西·泰勒（Chelsea Taylor）描绘了 2011 年占领营地中男性的习性："自我感觉良好的样子，听不进别人的话，不愿意做粗活。"[193]更令人沮丧的是：女性经常面临来自男性活动人士的危险。性骚扰和性侵犯在很多运动中是公开的秘密，但女性往往被鼓励为了事业而保持沉默。[194]

在约克，身有残疾、慢性病或有孩子要照顾的罢工者在总部承担罢工工作，当他们指出他们的工作没有得到那些在室外八条罢工警戒线上的人的认可和重视时，这些动态变化达到了顶点。尽管行政和组织工作确实是基础的，但它不是艰苦、危险、冷酷的工作。它是家庭般的，温暖而安全的，换句话说是女性化的。这些称呼自己为"第九条线"的行政罢工者敦促工会其他的人员重视他们的劳动，认识到罢工行动价值差异背后的性别和残障歧视的模式。

当我试图在行动主义和养育女儿之间寻得平衡时，关于

① 埃德蒙顿（Edmonton），加拿大西南部城市。

抗议者和罢工者是谁，这个想法背后未被言说的假设也清晰了起来。玛蒂最早经历的一些大游行是骄傲游行，在 21 世纪初，它主要是庆祝活动，而不是抗议场所。每年 3 月的国际妇女节，我和研究生院的朋友都会把孩子裹得严严实实的，拿出婴儿推车。通常，这一天会以多伦多大学校园的集会开始，然后是游行穿过市中心，走向市政大厅。孩子们是了不起的士兵。3 月初仍然十分寒冷，坦率地说，这场集会对两到六岁的孩子也没什么吸引力。但也许正是这些严寒中的游行让玛蒂做好了准备，让她和我一起在约克罢工期间参加了皇后公园的集会。她喜爱这集会，即使是在 1 月的酷寒里。我觉得她一直有一种无政府主义的精神。她如鱼得水，对着政治代表呐喊，目光直视警察。但在许多情况下，父母的责任和抗议活动以及行动主义并不能很好地结合在一起。

2010 年 6 月，G20 会议在多伦多举行，而 G8 会议则在多伦多以北的亨茨维尔（Huntsville）召开。几个星期以来，这座城市一直处于高度安保的状态，会议场所四周竖起了围墙，颇富争议的紧急状态法赋予警察一套别样的非法权力。那是我回到萨克维尔一年后的夏天，我在家待了几个月，然后准备搬到新不伦瑞克以接受一份全职工作。我并不打算错过 G20 的抗议活动。多伦多峰会原计划在 6 月 26 日和 27 日的周末举行，但在那之前一周，一系列越来越大的游行演变成了大规模的抗议活动。25 日星期五，我去了位于艾伦花园

130

（Allan Gardens）的公园。我加入了数千人的队伍，在移民权利组织"人人都是合法的"（No One is Illegal）带领下，准备向多伦多警察总部进发。当我走进公园时，警察对我进行了非法搜查，但我想要赶上游行，所以保持了沉默，任由他翻检我的包。我打算用来当作催泪瓦斯面罩的围巾漂亮地缠在头发上，所以至少他不会没收它。

等到人群终于进入大街时，警察在人群的两边站成一排，用他们的自行车作为路障。虽然他们还穿着普通的夏季制服，但防暴面具却挂在车把上。游行队伍开始缓慢地向西行去。当我们在警察总部外面停下来时，我离前排不远。后面几个街区的地方，发生了什么动静。警察冲向一些抗议者。人群中出现了一个缺口，人们乱作一团地后退，想看看发生了什么。便携式音响系统轰然播放着 M.I.A 的《纸飞机》①。我无法忘记看到一个警察收到要戴上防暴面具和其他装备的信号时，她突然瞪大了双眼的样子。她焦急地摸索着扯下车把手上的面具，并戴好了它，警察采取了更加激烈的姿态。事件正在升温。

这是周六和周日即将到来的臭名昭著的围堵事件和大规模逮捕的前一天。6 月 27 日，警察运用被称为"围堵"的策

––––––––––

① 《纸飞机》（Paper Planes），英国斯里兰卡裔歌手 M.I.A 的一首讽刺美国反移民政策的说唱歌曲。

略，在倾盆大雨中包围并堵截了位于女王大街和士巴丹拿大道（Spadina Avenue）上的三百多人（有些是抗议者，有些只是路过的人）长达四小时之久。数百人被逮捕，使得整个周末的被捕总数达到惊人的 1100 人。[195] 抗议者被关押在设施根本就不完善的地方，几乎没有食物，没有医疗，也没有通讯。最终，拘留事件中更加令人发指的事情被揭露了，包括对女性和非二元性别者的性骚扰和性侵犯。[196] 在星期五的游行中，我们并不知道抗议者和警察之间的冲突会变得有多严重。在星期五，一切似乎都很"正常"。警察确实逮捕了一些人，但与即将发生的事件相比，这些逮捕微不足道。我以前也被捕过，我不想让这样的事情再来一遍。不过，有一件事已经不同了。我十岁的女儿在日托所等着我去接她。

游行队伍继续向西而行，靠近女王公园和地铁站，然后就会折向市中心，我必须迅速作出决定。继续游行，加入抗议活动的核心，由于它接近了峰会所在的高度安保的地区，那里事态势必会变得更加危险，或者赶忙跑出游行队列，躲进地铁，确保我能及时回到西区，赶上日托所的接送。我记得，当我意识到这是整个历史上女性都不得不做出的选择时，我感到一阵强烈的愤怒：是冒着全部的风险参与政治行动，还是在私人的、非政治的家庭空间里履行你作为养育者的职责。这不仅仅是系统性的问题，排除了让女性的声音被国家听到的机会，而且女性对孩子不成比例的养育责任往往也被抗议的组织者忽视了。

　　游行队伍开始拐弯时，我和搭档迅速地讨论了一下：谁来留下，谁会离开？我感受到责任的牵扯，决定由我来离开。我打破了队形，推挤着向地铁入口冲去，感到愤怒和羞愧交加。我觉得这就像在严峻的关口抛弃了我的战友。一想到别人可能会以为我是由于害怕或只是不想被捕而逃跑，我就羞愧难当。当我坐在地铁车厢里，周围都是既不了解也不在乎我的政治观点的陌生人时，我从激进的示威者变成了另外一个正要去日托所接孩子的母亲。这两种身份似乎不能结合在一起。

　　G20抗议活动后，当警方对多伦多市民的所作所为全面曝光，人们举行了更多的示威活动。加拿大国庆节那天，我去了女王公园，这一次是和玛蒂一起参加支持民主集会和游行。在朋友们的簇拥下，玛蒂身披彩虹和平旗，第一次真正地体会到了她所在的城市街头的大规模示威。我记得我们一边前进，一边一遍又一遍地高喊"这就是民主！"。玛蒂已经长大了，足以了解发生了什么事，但又不够有经验，不懂警察为什么要那样做。"难道他们没有应当遵守的规则吗？""有的，但是……""难道人们没有权利抗议吗？""有的，但是……"在G20结束后的那些日子里，她开始理解，居住在一个民主国家里，意味着你必须主动地行使你的权利。有时候，这也意味着你必须走上街头，提醒当权者他们的责任和义务。八年后，当我从麦吉尔大学 #MeToo 集会的前线看到玛蒂的视频时，我一点也不感到吃惊。

　　女性在可行的情况下把孩子带在身边，以此来平衡母亲身份和政治行动主义，但我们这么做的时候要面对严厉的批评，而且总是很担心我们孩子的安全。人们会问："你不是把你的孩子置于危险之中了吗？""你不是把你的信仰灌输给他们了，而不是让他们自己形成他们的想法了吗？"政治和母亲之间的严格界限远远地超越了活动人士的圈子。2018年，仅仅是因为在职期间怀孕，女性就登上了国际新闻的头条。新西兰总理杰辛达·阿德恩（Jacinda Ardern）是极少数几位在任期内怀孕的国家首脑之一。她不得不对困扰的媒体声明："我是怀孕了，而不是丧失能力。"以此来证明她还能如常地继续履行职责。[197] 有一天，在美国参议院改变规则，允许投票期间带宝宝来议席后，参议员达米·塔克沃斯（Tammy Duckworth）成为第一个带着刚出生的宝宝投票的人。[198] 在加拿大，卡琳娜·古尔德（Karina Gould）成为第一个在任期内生下孩子的联邦内阁部长。[199] 这些"第一个"发生在进入 21 世纪以来的将近二十年里，这一事实令人难以置信。对于职业政治家来说，母亲，尤其是怀孕、哺乳、婴儿和孩子这些显而易见的场景，都被看作是不能与政治活动相提并论的。对于那些选择了行动主义路线的人，我们仍必须进行反思，作为母亲和活动人士——我们是否都恰当地尽

133

到了责任？这有可能吗？

活动人士之旅

母亲的身份当然改变了我与抗议活动的关系，尤其是我可以如何以及会怎样在现场采取行动，但总的来说，它只是强化了我的责任感。对我来说，教女儿懂得公共示威的重要性是十分要紧的。即使在萨克维尔，我们也尽可能地保持这种精神。在某种程度上，小城镇的活动甚至更重要，像骄傲游行和夺回夜晚游行对小型农村社区来说往往是比较新颖的事物。

尽管如此，城市生活中我最想念的还是参与抗议活动的机会，不过偶尔，我会在旅行的时候偶遇一场示威。几年前在纽约的时候，我决定跳过几次会议。一个朋友建议我去东村的圣马克斯书店（St. Marks Bookshop，如今已歇业）逛逛。在收银台这里，我看到一张汤普金斯广场公园（Tompkins Square Park）的"占领城市广场"活动的小传单，就在那一天。这似乎是偶然的：我一直想去看看汤普金斯广场，数十年前激进的反士绅化的抗议活动就发生在那里。我在论述士绅化的经典作品中读到过很多次这个公园了，但一直没有机会去参观。我付了书的钱，沿着A大道向东第七大街和公园走去。

　　这是 2012 年 2 月，距离 2011 年 9 月开始的"占领华尔街"的抗议活动已经过去了大约六个月。占领城市广场的活动在各地爆发，提供了替代性的临时营地场所，把占领的信息传递到主要城市的社区。在汤普金斯广场公园，这场为期一天的活动似乎看起来一直都在那里。那里有一个厨房、一座图书馆、一个编织小群体、鼓手、踩高跷的、艺术家、制作 T 恤的，数量不成比例的警察在一旁，注视着这场十分冷静且平和的集会。我停下来和戴维交谈，他是一位无家可归的艺术家，在用一些妙趣的纸板标牌换取捐款。我拿起一张，上面写着："亲爱的，我很冷，我们现在能去占领星巴克吗？"我从一个团体走向另一个团体，有时和人聊一会儿，有时只是看一看，我终于感受到——在很细微的程度上——我和占领运动有了联系。

　　下午的时光慢慢趋近傍晚，示威者开始聚集在一起，以更强烈的抗议来结束这一天。一个喇叭出现了，一小群人沿着小路聚拢了起来。警察也突然戒备了起来。他们越发靠拢，也离示威者越来越近了。气氛仍然相当平和，我感觉不到发生冲突的可能。我在聚集的示威者的边缘徘徊，直到我突然想到我不是在家里。我不是美国公民。我没有携带护照。加拿大令人放松的无罪推定保护罩和我作为白人的特权，让我忽略了我在纽约抗议活动中不那么经得起推敲的身份。许多人从未享受过这样的权利，能忘记警察或其

135

他国家机构随时都能针对他们。在大多数情况下，我可以利用这些特权，来代表那些较少安全保障的人参加示威。但我并不想领教，如果我在这场占领活动中被警察找上或甚至被逮捕时，除了参加会议的徽章以及大概还有一张新不伦瑞克省的驾照以外，我并没有身份能证明会发生什么。我遗憾地离开人群，向地铁走去，回到平淡而安全的中城和会议中心。

我想参观汤普金斯广场公园，是因为它在历史上曾经是穷人、工人阶级和移民群体面临士绅化所造成的流离失所，为争取城市权利而斗争的所在。令人惊讶的是，汤普金斯广场至今仍然是活动人士聚会的场所，即使只是很短的一段时间。虽然这片社区本身已经士绅化，汤普金斯广场作为城市行动主义的历史场所的重要性仍是突出的。

有些地方似乎天生就有一种反抗的精神，悠久的抗议历史充满了这些社区，虽然它的人口结构已经发生了变化。当我为了做环境正义运动和抵制士绅化的研究来到皮尔森（Pilsen）和小村（Little Village）①的社区时，芝加哥的下西区就给了我这样的印象。芝加哥的西区是美国激进劳工运动的发源地，在19世纪后期和20世纪初期发生了干草市场暴

136

---

① 皮尔森和小村都是芝加哥活跃的墨西哥社区。

乱①、霍尔斯特德大街高架桥之战②、服装业工人大罢工、女性大罢工，以及其他震惊了芝加哥的事件。西区的移民劳工——先是东欧人，然后是 20 世纪中期的墨西哥人——为争取安全的工作环境和公平的报酬而斗争。[200]与此同时，他们还必须为自己的家园和社区而战，因为大规模的城市重建项目使得成千上万人流离失所，迫使他们往更西面搬迁，构成了如今的"中西部的墨西哥"③。

2015 年，当我开始了解皮尔森和小村的时候，以拉丁裔为主的社区正在进行新的抗争，反对环境种族主义，抵制随着其他地区高房价、年轻的白人向西寻找更低的租金而逐渐猛烈的士绅化。皮尔森和小村长期以来一直是各种工业、有毒土地、排水水道和燃煤发电厂等持续污染源的所在地。小村的环境正义组织者和皮尔森的社区组织者利用了这些社区悠久的政治行动主义历史——这些早于墨西哥和其他拉丁裔移民到来的历史。他们说，抗议精神是刻在下西区的骨子里的。结合墨西哥和其他拉丁裔移民抗争流离失所、种族主义

---

① 干草市场暴乱（Haymarket Riot），1886 年 5 月 4 日芝加哥工人为争取八小时工作制而发起的游行活动，由于不明人士扔了一颗炸弹而引发暴乱，被认为是把 5 月 1 日设为国际劳动节的缘起。

② 霍尔斯特德大街高架桥之战（Battle of Halsted Street Viaduct），1877 年 7 月发生的工人大罢工，是 1877 年美国铁路大罢工的一部分，招致政府的血腥镇压。

③ 中西部的墨西哥（Mexico of the Midwest），指小村。

和仇外移民政策的具体的经验，这里形成并且延续了一种强大的抵抗精神。[201]

我在各个社区都看到了这种信号。从充满活力的描绘具有重大文化意义事件和当地英雄人物的大型壁画，到潦草涂写的反对士绅化的口号（Pilsen is not for sale!/Pilsen no se vende![①]），明显能感觉到人们决心不懈地抗争，抵制企图强迫迁移和进一步边缘化他们社区的力量。我不想把抗争或社区本身浪漫化，但我信任这些活动人士，他们不仅认为抵抗存在于他们的血液中，也存在于他们社区的砖石和砂浆中。

与此同时，我十分清楚这一抵抗的历史正随着白人中产阶级租客、房主和企业的大量涌入而日渐削弱，尤其是在皮尔森，那里已经士绅化了许多年。我也意识到我是问题的一部分。一个白人研究者，以高价租下了爱彼迎的房子，我的在场证实了时髦的白人出现在一个历史悠久的拉丁社区的司空见惯。的确，我去那里是为了做研究，并期望能支持社区组织抵抗流离失所所做的努力。但我也正通过我的在场为士绅化做贡献，或许还不知不觉地破坏了我想要更深入了解的运动。

————————

① 分别是英语和西班牙语，意为"皮尔森不出售！"。

抗议的教训

在我多年的作为学生、活动分子、教师和研究者的生涯中，我学到了许多女性主义和城市行动主义之间紧张甚至是矛盾的教训。当初我自愿在反暴力抗议中被捕的时候，我对抗议活动一无所知。我认为仅仅"做一个女性主义者"就足够团结了。直到那次被捕，我才真正了解到运动中的分歧有多么深。我们被捕并被控伤害罪的二十来人，想要碰个头，讨论下一步的对策。特丽莎和我在多伦多大学宿舍的公共休息室里有一个大空间可以使用。对我们来说，这是一个过时的、略有点破旧的房间，地毯有难闻的气味，家具也卷翘了。但在那些经验更丰富的活动人士看来，这幢装饰华丽的石砌建筑带有巨大的壁炉和硬木地板，散发着特权的气息。他们没有错。我以前只是没能从这个角度来看问题。特丽莎和我突然意识到，我们不再被完全信任了。

这些以及其他年龄、阶层和种族的分歧使得协商十分紧张。一些人认为，既然司法体系本身就是阶级主义、种族主义和父权主义的，我们应当在最大限度上拒绝参与。另一些人还没有成年，必须考虑父母的意愿。还有一些人希望以尽可能少的精力来处理指控，为下一次活动腾出时间。所有这些立场都是合理的，但它让我们在计划和执行抗议活动时彼此感到的自豪和团结以惊人的速度崩溃了。这是我第一次认

138

识到，作为一名女性研究专业的学生，实际上可能会使其他女性主义者不信任我，而不是把我视为一个当然的盟友，并且对社会变革有着同样的承诺。我从未想过，我所受的教育在女性主义社会运动中并不是一笔财富。我很震惊，但我正在接受交叉性的教育。

2016 年，当"黑人的命也是命-多伦多"（Black Lives Matter Toronto，简称 BLM-TO）让大规模骄傲游行硬生生暂停了三十分钟后，这给多伦多市敲响了一个古老的有关交叉性的警钟。BLM 是当下交叉性城市运动组织中最激烈的例子之一。BLM 由三位女性在特雷沃恩·马丁[①]被杀害后发起，她们认识到性别化的住宅无保障、士绅化、家庭暴力、贫穷、种族主义和警察粗暴执法之间深刻的相互关联。美国和加拿大的 BLM 分部都站在前沿，推动城市认识到歧视性的遗毒，并设想一个不同的城市未来。在多伦多 7 月的一个闷热星期天，BLM-TO 向多伦多骄傲组织提交了一系列要求，黑人酷儿学者和活动家里纳尔多·沃尔科特（Rinaldo Walcott）形容为，这些要求使得"多伦多的酷儿社群骤然陷

---

① 特雷沃恩·马丁（Trayvon Martin），2012 年 2 月 26 日，十七岁的高中生特雷沃恩·马丁前往一个封闭式小区探望父亲，该小区志愿保安二十八岁的乔治·齐默曼（George Zimmerman）觉得他十分可疑，就开枪射杀了他。该案件在几经是否存在种族歧视以及是否正当防卫的辩论后，齐默曼被无罪释放。

入一场内战"，这场战争在未来的若干年内将动摇"好人多伦多"①与骄傲组织之间的恋情。[202]

那个周末我刚好在多伦多，于是决定去参加游行。我们看到总理贾斯廷·特鲁多坐上了他那辆黑色的SUV前往集结区域，穿着粉红色衬衫②等等。阳光明媚，气氛热烈，第一批花车拐到央街上时，舞蹈乐曲震耳欲聋，腹肌起伏，水枪喷射。原住民鼓手和BLM-TO在游行队列的最前面。特鲁多紧随其后，迎来了一阵热烈的欢呼。我记得我对伙伴说，穿着制服行进的警察是骄傲游行中我最不喜欢的部分。当人群为支持这些全副武装的警察而喝彩时，我会感到窘迫。但这一年在发生这种情况之前，游行队伍先停止了。我们什么都没有看到，只有一辆巨大的企业花车停在我们面前。直到后来，我们才知道往南几个街区的地方发生了什么。在原住民鼓手的围绕下，BLM-TO坐在央街和大学街的交叉口，她们拒绝让步，直到骄傲组织的负责人同意他们的要求清单。其中最有争议的一条是："禁止警察在游行中身穿制服或礼服并携带枪支行进"。[203]

---

① 好人多伦多（Toronto the good），多伦多市的绰号之一，最初由市长威廉·豪兰（William Howland，1886—1887年在任）提出。

② 加拿大是世界上第一个发起反霸凌的"粉红色衬衫日"的国家，粉红色衬衫具有表示反霸凌的特殊含义，不过自2010年起，加拿大把"粉红色衬衫日"定为每年2月的最后一个星期三。

对于领导 BLM-TO 的黑人酷儿活动家来说，认识到警方如何照样把酷儿有色人种和原住民青年、性工作者、跨性别人群，以及生活在贫困中的酷儿人群视为罪犯和目标，是他们指称骄傲组织是一个企业化的、带有白人色彩的场所的核心，它不顾社区中最脆弱人群的持续边缘化，以换取城市、公司以及警察和军队等组织的主流支持。参与这次静坐的沃尔科特指出：

> BLM-TO 和原住民社群之间的合作标志着与当代政治不一样的关系。它表明黑人和原住民活动家以及思想家正在想方设法合作……认为那些遭警察暴力波及的人不是黑人酷儿或原住民双灵人①是不真诚的，因为他们就是。[204]

呼吁禁止穿制服的警察凸显了酷儿社群的离散。主流酷儿社群中的许多人把骄傲游行看作一个纯粹的庆典，认为游行中的警察队列代表了进步、包容和接纳。BLM-TO 及其支持者则认为警察对于他们来说是"一种明确而当下的危险"，不能认识到这一点，就是没能把黑人和原住民人群、有色人

①　双灵人（Two-Spirit people），北美印第安人对他们社群中承担传统的第三性别仪式或社会角色的原住民的称呼，指身体内包含着男性和女性的灵魂，如今是一个非常广泛的概念，可以涵括各种性别形态。

种、跨性别人群、性工作者和穷人包括进骄傲活动。这也是在慢慢抹去骄傲活动中的对抗警察暴动的根基，而这一根基始于1969年纽约石墙酒吧暴动和1981年多伦多反抗对公共浴室突击搜查的暴动。BLM-TO的介入开启了一波变革的浪潮。尽管骄傲组织的理事会试图在2019年恢复游行中的警察队伍，但组织中的成员投票否决了这个提议，这表明许多人已经收到甚至是欣然接受来自BLM-TO的这一信息。

从我被捕的那次抗议到现在已经二十多年过去了。和许多活动人士以及献身于政治的学者一样，我不得不以艰难的方式（也是唯一的方式，千真万确）认识到，你会在工作中遇到更多的矛盾冲突，而不是解决之道，尤其你有明显的特权优势时。当我从一名学生转变为全职的学者，我对城市运动中女性主义政治和权利的交叉性承诺必须找到新的表达方式。我站在教室的前面，开始讨论警察暴力、性骚扰、强奸文化、LGBTQ2S+①空间、残障歧视、定居者殖民主义以及其他许多带有政治色彩的话题。我试图利用每一个机会来培养和支持学生的行动主义。我致力于工会的团结。但我是第一个说出，有时候只是需要你人出现在大街上。权利不是在教室、社交媒体或甚至是通过选举政治赢得和捍卫的。这

141

---

① LGBTQ2S+，指性少数群体，分别是女同性恋（Lesbian）、男同性恋（Gay）、双性人（Bisexual）、跨性别者（Transgender）、酷儿或性别存疑者（Queer or Questioning）以及双灵人（Two-Spirit）的首字母缩写。

项工作必须在现场发生。

历史清楚地表明，没有某种形式的抗议活动，社会变革就不会发生，事实上，大多数城市女性生活的改进都可以追溯到行动主义的运动。不是每一个女性都会加入某种形式的抗议活动；实际上，大多数人从来没有过。但我们所有的生活都是由这些活动所塑造的。对我来说，行动主义的空间是我最好的老师。如果没有这些经历，我就无法明确地说出女性主义城市所渴望的是什么。这些年来，关于如何进行抗议，我学到了很多，但更重要的是，我认识到女性主义城市必须是一座你愿意为之奋斗的城市。

CHAPTER FIVE

第五章　恐惧之城

我出生于 1975 年，对于被陌生人的危险阴影所笼罩的 童年来说，这是一个绝配的时代。在学校里，警察每年都会到访，向我们演示最新的防范绑架者的技巧。绝不要告诉一个打电话来的人你独自在家。设一个只有你和你父母知道的暗号。绝不要去帮助别人寻找走失的小狗。不要接受糖果。随着国际 24 小时新闻滚动播出的兴起，让我们惊讶万分地注意到了失踪儿童的事情，也促使我们前所未有地小心谨慎。1985 年，八岁的妮科尔·莫林（Nicole Morin）就在离我们住处不远的多伦多西区失踪，真是一个可怕的时刻。那时我快十岁了。妮科尔在去她居住大楼的游泳池的路上进了电梯，然后消失得无影无踪。到处都是她的照片：一个长相普通的孩子，和我一样有着灰褐色的头发。三十多年过去了，她一直没有被找到。一个穿着红色条纹泳衣的小女孩瞬间消失的画面仍让人耿耿于怀。

很可能是在妮科尔·莫林被疑为绑架之后不久，普通的来自陌生人的危险对我来说开始有了一种特殊的性别化形式。普通的绑架者逐渐地具有了更多的以女孩和女人为目标的劫掠者的特征。我开始意识到自己是脆弱的，不仅因为我是一个小孩，还因为我是一个女孩子。并没有哪一个时刻或者教训传递出这一信息。不如说，是那些不易察觉的线索日渐堆叠起来，一旦提炼，就会发出明确的信号，告诉我，危险在哪里，我又该如何来避免。

我还是个孩子的时候，居住在郊区工人阶级社区的联排公寓里。附近有很多人家，不过最近的邻居是几个比我和弟弟大几岁的男孩。最初几年，我们毫无顾虑地一起玩耍：在输电塔下的空地上打棒球，在私家车道上打冰球，在大街上骑着我们的大轮玩具小车来来往往。随着时间的流逝，男孩们变成了十几岁的少年，而我和弟弟还是小孩。奇怪的是，我的父母开始警惕那些男孩，尤其是当我和女友在外面玩耍的时候。没有什么明确的说法。只是感觉某些东西发生了变化，而我们应当"小心谨慎"。一天下午，男孩们假装绑架了我和我的女友，把我们关在他们车库里的冰球网后面，宣称他们不会让我们离开。当然，他们得逞了，但这个玩笑让人感觉有点恶意，而这是我们童年游戏中没有的。突然间，似乎我母亲的担忧是对的。虽然到底担忧什么，我还是有点不太清楚。

　　夏令营的深夜卧谈会继续给了我熏陶。每当我们谈到男孩子的时候，话题就带上了一丝危险的意味。夏令营里烂俗的"抢劫内裤"[①]是我们可以公开讨论的事情，但我们都知道，来自男孩的危险不只是偷窃内衣。没有人愿意说出强奸和猥亵的威胁。我们也知道，独自一人和晚上外出就是那些威胁可能成真的时刻。我们开始明白，我们永远不应当独自待在男孩的身边，我们需要始终为自己的安危做好计划。

　　我不能恰如其分地说清楚青春期，也无法描述女孩接收的有关我们身体、服装、发型、妆容、体重、卫生和举止的所有信息，这些信息又汇入了更加海量的为了安全来约束我们自己的信息。这个时期，女孩和女人由于性别而容易受到伤害，而性发育又会使危险变成现实，因此人们开始关注这些信息。对得体的举止（你的坐姿、言谈、步态、仪容等）的指导也呈现出一种紧迫感，表明它们不仅仅是礼貌的社会行为。有些女性能准确地说出她们意识到事情变得不同的那一刻。这可能是母亲让你把睡裙外的长袍系紧的那一天，或者你闹着玩地用了母亲的化妆品、穿了母亲的高跟鞋，从可爱变成了不端庄的那个晚上。然而，对我们中的许多人来

---

① 抢劫内裤（panty raids），大学男生蓄意进入女生宿舍，抢劫内裤作为战利品，以表示他们敢于闯入禁区。

说，这些信息的来临就像静脉滴注一样，在我们的身体系统中逐渐地积累，一旦我们意识到它，就已经完全地溶解在血液中了。它已经是自然而然、合情合理、与生俱来的了。

女性的恐惧

这种社会化是如此的强大和深刻，以至于"女性的恐惧"本身就被认为是女孩和女人的一种先天的特征。无所不在的"女性的恐惧"吸引了心理学家、犯罪学家、社会学家以及其他想要了解人类行为的人。当我开始为我的硕士项目——女性在城市和郊区空间的安全感和恐惧感——做研究时，试图解释女性恐惧的大量研究让我不知所措。从进化生物学到人类学，再到女性和性别研究，几乎所有的学科都在讨论这个主题。[205] 有关对犯罪和暴力的恐惧的调查收集了女性在何地、何时以及与谁一起经历恐惧的数据，这在20世纪80年代和90年代受到了社会学家的欢迎。一项又一项的研究得出了相似的模型：女性认为城市、夜间和陌生人是威胁的主要来源。在20世纪90年代初期加拿大和美国的研究中，女性因恐惧而报警的比率相当于男性的三倍。[206]

到目前为止，社会学家已经收集了足够多的家庭暴力和针对普通女性的犯罪数据，足以了解女性更可能从家庭和工作场所这样的私人空间遭受暴力。男性则更可能成为（已报告的）公共场所犯罪的受害者，比如袭击或者抢劫。然而，女性始终在讲述她们在公共场所中对陌生人感到的恐惧。女性这种感受被有些研究者当成了"非理性的""不可理喻的"证据，并给这种看似脱节的现象贴上了"女性恐惧的悖论"的标签。如同卡罗琳·惠茨曼指出的，那个一再重复的问题是："这些女性到底怎么了？"[207]当然，这些研究并没有询问人们在家中是否感到安全。对犯罪的恐惧总是被假想成一种公共场合的现象，这一假设本身表明了从一开始就缺乏性别化的分析。

令人震惊的是，女性主义地理学家、社会学家和心理学家并不乐见女性是非理性的这一结论。这一结论不仅强化了一种陈腐的刻板印象，还很可能是伪科学。如果你对一个巨大群体的感受和行为的最佳解释是非理性的，那么你很可能没有把这个现象挖掘深透。对社会化、权力、异性恋父权制和创伤的更广泛的分析显示，所谓女性恐惧的悖论只有在忽略了性别化权力关系的镜头下观看才是悖论的。[208]从严肃看待女性生活现实的女性主义角度来看，这一悖论绝非如它所言，女性也绝非无理性的。惠茨曼坚称，那些对女性恐惧感到不解的人忽视了一些基本的——对女性主义者来说，多少是很明显的——事实。在她的清单上，排在首位的是："女性最恐惧的犯罪是强奸。男性最恐惧的犯罪是抢劫。抢劫发生在你身上是很糟糕的。强奸则更是糟透了。"[209]

146

性暴力会产生强烈的恐惧感，这是显而易见的，但这一因素被对犯罪恐惧调查的一般特性所掩盖。女性主义学者还指出，性侵犯受害者极少报警，这让人想到，使用基于罪案报警的数据，针对女性的暴力发生率就会被严重地低估。之前的性侵犯经历也有可能会使女性对未来的侵害产生强烈的恐惧。那种日常的嘘声和性骚扰也会加强恐惧，因为女性持续地被性感化、物品化，并且在公共场合感到不自在。[210]地理学家希勒·科斯凯拉（Hille Koskela）注意到："性骚扰每天都在提醒女性，她们不应当出现在某些场所。"[211]

童年期社会化的长期影响也必须考虑在内。我们得到了明确的教导，要担心陌生人和夜间的公共场所。新闻媒体也起了作用，他们耸人听闻地报道针对女性的陌生人暴力犯罪，并且对亲密伴侣之间的暴力又相对报道得较少。所有类型的警察办案剧都围绕着对女性的令人发指的暴力行为来刻画，每一季都在让想象中的犯罪和视觉场景变得更吓人［我正看着你，《犯罪心理》(*Criminal Minds*) 和《法律与秩序：特殊受害者》(*Law & Order: SVU*)］。在电影、图书和电视中，性侵犯是一个常见的修辞，创作者们用来描绘女性性格发展中的关键时刻。综上所述，这些描画暗示了来自陌生人的暴力和性侵犯总是近在眼前。喜剧演员泰格·诺塔洛（Tig Notaro）有个喜剧小品绝妙地捕捉到了这一点。每一次有男人让她在公共场合感到不安时，她都会想："这是对我的强

147

奸吗?"我们会不自在地笑,因为它听起来像真话。某种程度上,我们确实相信"对我们的强奸"已在那里,令人无可躲避地等候在暗处。

相比之下,家庭暴力、来自熟人的性侵犯、乱伦、虐待儿童以及其他"私人的"然而却更加普遍的犯罪受到的关注则少得多。从一个女性主义者的角度来看,这种关注度的差异是为了把女性的恐惧引向外部,使之远离家庭和家人,加强核心家庭等父权制度,以及女性为了表面的安全感对异性伴侣的依赖。在恶性循环中,这使得在家庭这个安全空间中经历的暴力被污名化,并越发难以被看见。

权衡所有这些因素——低估的报警、骚扰、社会化和媒体——女性恐惧的悖论就开始消散了。事实上,惠茨曼总结道:"女性的恐惧是高度理性的。"[212]女性主义者不再试图找出女性恐惧的内在原因和解释,她们更感兴趣的是让它置于更广泛的结构、体系和制度之中。这就引出了一个问题:"为什么女性恐惧在社会和文化上如此地根深蒂固?"唯一的解释是它具有某种社会功能。

这很像"女性研究入门",但值得重申:女性恐惧的社会功能就是控制女性。恐惧限制了女性的生活。它限制了我们对空间的使用,塑造了我们对工作和其他经济机会的选择,并且可能是真正的悖论,它让我们依赖男性成为保护者。这一切都是为了维持异性恋父权制的资本主义体系,女 148

性在其中被束缚于家庭的私人空间里，并对核心家庭制度中的家务劳动负责。这是一个男性作为群体受益的体系，并且非常有效地维持了现状。

绘制危险地图

空间是如何介入这一切的？它和城市又有什么关系？社会控制和地理是怎样共同起作用的？这些问题正体现了我的女性主义研究背景和地理学相遇的地方，并且永远地改变了我的观点和学术生涯。因为地理学有助于我们回答这个"怎样"的问题。性别社会化控制实际上是怎样起作用的？它是怎样在现实中发挥作用的，又是怎样实施的？

犯罪恐惧调查询问参与者，他们害怕的是谁，对女性来说，答案永远是男性。但男性作为一个群体实际上是无法避开的。女性对男性的恐惧是有地理逻辑的。我们清楚哪些**场所**是要避开的，而不是哪些人。女性主义地理学家吉尔·瓦伦丁解释说，这是一种应对持续不断的恐惧状态的方式："女性不能时时刻刻恐惧所有的男人，因此为了能够营造一种她们能控制自己安全的错觉，她们需要知道她们何时何地可能会遇到'危险的男性'，从而避开他们。"[213]

当然，"危险的男性"这个概念不完全是地理学的。社会特性在此发挥了作用，特别是通过刻板印象和贩卖恐惧，把有色人种和流浪男性等群体归置为有威胁的。有色人种女性对骚扰和暴力的报警要高于白人女性，对她们来说，白人男性和类似于警察这样的男性权威人士可能尤其令人担忧。[214] 但由于我们几乎无法控制男性在我们环境中的出现，也不能在持续担惊受怕的状态下生活和工作，我们把恐惧转移到了各种场所：城市大街、小巷、地铁站台和黑暗的人行道。

这些场所出现在我们关于恐惧和安全的心理地图上。这张地图是一幅活生生的拼贴画，图像、文字和情绪层层堆叠在社区和行走的路线上。这些层次既来自危险和骚扰的个体经历，也来自媒体、谣言、城市迷思和充斥在所有文化中的古老而宝贵的"常识"。这张地图不停地变化，从白天到黑夜，从周中到周末，从这一季到那一季。地理学家蕾切尔·佩因（Rachel Pain）的研究认为，这些关于恐惧的地理位置在我们一生中不断变化，尤其是在我们成为父母或者当我们开始变老之后。[215] 这张地图是动态的。一个令人不安的或可怕的时刻就可以永远地改变它。

很难去辩驳这样一个常识性的观念，对于女性这样"天生脆弱"的人，把环境按照有威胁的和安全的来编码是"自然而然"的。我相信肯定有人会说这是某种进化的特征。但我更感兴趣的是，质疑这些危险地图所带来的**影响**，以及这对于女性的生活来说意味着什么。这种进化也可对这些稍加考虑：这些地图很少包括女性面临暴力最多的危险场所——

家庭以及其他私人空间。与此相反的是，威胁被外化到城市环境中，进入公园、小巷和室内停车场。这些场所往往是根据种族来编码或分类的。再说一遍，这不是说女性不够理性，或者说作出了错误的抉择。我们准确地反映了社会灌输给我们的信息，毕竟，长期的、日复一日的影响是巨大的。

150 　　大学最后一年快结束的时候，我被叫去多伦多东区做一份临时的接待员工作。我对那片地区完全不熟悉，那儿原来是一个工业园区，到处都是轻工业工厂和仓库。那里没有人行道。我在崎岖不平的路上小心翼翼地走着。我漂亮的正装鞋并不是为这次长途跋涉而设计的。路上没有人。作为一个年轻、衣着时髦的女性，我在这些街道上显得格格不入。几天之后，我的老板问服务机构，如果我有空，他是否可以一直雇用我。我同意了，很高兴这个夏天不用同时做多份零工。尽管有不便之处，但至少白天时间很长，我不必在黑暗中走路。但如果这份工作是在秋天给我的，或者我想要长期地打这份工，我就不得不把安全因素纳入我的选择，可能会拒绝这份稳定的工作。

恐惧的代价

　　这些都是恐惧的隐形代价，让女性无法在城市中过上完整、自由和独立的生活，其社会、心理和经济的后果是严重的。它们给女性本来已经超负荷的日子带来了巨大的负担，我们有：有偿和无偿劳作的"双班制"，在性别歧视的基础上应对种族主义、同性恋憎恶和残障歧视的三班制，以及时时刻刻管理我们的安全问题的四班制。

无休无止的防范措施浪费了我们宝贵的时光和精力。每个女性都经历过这样的时刻，因为担心被跟踪，她在地铁或公共汽车较远的一站下了车，或者绕了远路回家，确保她真的是一个人。我们避免走穿越小巷和公园的近路。我们改变行走的路线，把钥匙攥在拳头里。我们假装在打电话。我们完全不去某些地方。这一切叠加起来，是一系列令人精疲力竭的不成文规矩和自愿的安全抉择，需要对安全问题不断地保持警觉和关注。

这种由日常环境中持续的不安所产生的压力，虽然通常并不惹眼，但却是不健康的，还可能会有长期的影响。最近的研究表明，高强度的压力会影响寿命，甚至可能会对我们的 DNA 造成损害。因为没有安全可行的回家方式而谢绝活动或提前离开，这让人沮丧。对我们的选择左思右想，担心如果发生什么不好的事情，我们会不会受到指责，这在心理上让我们疲惫不堪。[216]可悲的是，我们对此的担心是正确的。对媒体报道女性在公共场合和家庭内部遭受暴力的研究发现，媒体含蓄地质疑受害者的行为、心理健康、个人经历和习惯，特别是当受害者是黑人、原住民或在某方面被边缘

151

化的人士时。[217]

从经济上说，这些恐惧带来了实实在在的实质性后果。报酬更优渥的夜班或者看起来危险的工作，可能就必须谢绝了。能给予更多培训和更高薪酬工作的夜校，可能也不得不放弃了。如果是在不安全的区域，经济适用房也变得不可企及。这些成本很少被计算在内，即使在讨论"粉红税"之类的事情时也如此。尽管被低估，但或许女性为了免遭骚扰，放弃自行车和步行等相对便宜的选择，所承担的成本或许更明显一些。研究表明，在大多数国家，女性每天的步行步数显著地少于男性。这并非由于懒惰。记者塔莉娅·沙德韦尔（Talia Shadwell）对雅加达、三宝垄①、布里斯托尔②和华盛顿等城市中的女性进行了调查，发现女性在上学或上班的途中往往被迫忍受骚扰，这迫使她们为出租车、拼车和公共汽车支付费用，即使路程很短。[218]花钱购买汽车、手机或有安全保障的房子也增加了经济负担。对男人来说，这些东西就像不错的奖励；对女性来说，它们却是必需品。当然，由于收入、种族、能力和公民身份的不同，获得这些东西的机会也有很大的差异。

最终，这些限制、成本和压力构成了一个间接但是高度

---

① 三宝垄（Semarang），印度尼西亚爪哇岛北岸城市，为中爪哇省首府。
② 布里斯托尔（Bristol），英国西部港口城市。

有效的社会控制方案。我们被社会所强化的恐惧让我们无法完全居住在城市里，也无法充分地利用日常生活。

谁会从这一切中获益？社会对女性的限制如此之多，这看起来是不是很反常，甚至不合逻辑？毕竟，损失并不完全是由个人承担的。女性出于恐惧而作出选择，人们可以计算出由此损失的经济生产力，看到它对社会更广泛的影响。但社会并不是基于纯粹的经济逻辑运转的，或至少说，不是基于假想或期望所有人都有一个平等竞争的环境的逻辑。一个性别歧视、种族主义、跨性别和同性恋憎恶以及残障歧视的社会，其经济逻辑是建立在一个不言而喻的假设上的，即经济和其他形式的权力首先必须为异性恋、顺性别、身体健全的白人男性寻求最大利益。

如果这看起来有点抽象的话，那就想一想投票给特朗普的白人工人阶层男性，媒体反复报道了困扰他们的"经济焦虑"。这一群体的愤怒——以及不断地采取措施安抚他们，或者复兴某种想象中的过去以满足他们的渴望——是以这样的观念为前提的，即他们的白人和男性特权将永远使他们的社会经济地位至少比女性或有色人种高一到两个档次。他们认为这种等级制度正在分崩离析，这种信念往往表现在对其他群体的激烈反对上，给许多人的生活增加了又一层的恐惧。

反　击

　　认识到女性面临的实际暴力和恐惧的社会性别化影响，这让女性主义者以各种方式予以反击。像"夺回夜晚"、印度的"骄傲大游行"、"荡妇游行"和"#Cuéntalo抗议"等运动，都是坚持女性和其他边缘群体有权进入城市空间的直接行动的例子。从简单地推动城市建筑特征的改变，到倡导对整个城市规划领域进行全面的变革，虽然未尽完美，但女性主义地理学家、规划师、反暴力工作者以及其他人已经在实质性地推进创建更加安全、也更少恐惧的城市。

　　城市设计改变的例子，包括改善照明、清除盲点视野和通过住宅以及市政开发创建交通顺畅的路线等变化。在室内停车场、公园和大学校园安装紧急电话亭和呼叫按钮可以提升安全感。有些城市选择广泛使用闭路电视监控，以此作为减少犯罪的一种手段，尽管其减少恐惧的能力令人质疑。[219]

　　建成环境的改变具有挑战性。在巴塞罗那这样的老城，狭窄的街道、黑暗的角落、石头的墙壁、糟糕的视线和过度生长的植被，形成了很多藏身空间，也加剧了恐惧感。一个由建筑师、社会学家和规划师组成的合作组织一直在努力提高公共空间的可见性，移除其中的障碍，以期提高女性对空间的使用和享受。在卢旺达的基加利（Kigali），随着包含母乳喂养空间在内的安全的、固定的小型市场的建成，从事街头小贩工作的女性的安全保障和经济状况有了改善。[220]

在世界各地，公共交通系统是对女性进行骚扰和侵犯的温床。在对利马（Lima）、马德里、坎帕拉（Kampala）、德里和悉尼的女孩和年轻女性的调查中，NGO组织"国际计划"（Plan International）发现，公共交通是一个严重的"问题点"，在那里女性报告了受到猥亵、骚扰和跟踪的情形。[221]尽管许多系统有报警按钮，地铁站台也有"指定等候区域"，其中包括了呼叫按钮、明亮的照明和闭路电视监控，但共享交通的群集性和匿名性仍是一个问题。有些城市甚至更进一步，指定了女性专用车厢。比如，东京和大阪的地铁线路，就在特定时间段为女性、残障人士、儿童和带孩子的养育者留出了车厢。墨西哥城、开罗和德黑兰也有类似的空间。当然，批评人士也指出，仅仅是把女性隔离，并不会让男性改变他们的行为和态度。

科技也以手机应用（app）的形式被加以运用，使得在公共交通上报警变得更为便捷。比如，温哥华的"全球守护者计划"（Project Global Guardian）app让乘客可以给警察以及公共交通部门的人直接发短信。在墨尔本，在听取了搭乘公共交通的女孩和成年女性的建议后，一款有关安全的app正在开发。斯德哥尔摩和日内瓦等城市认识到负面刻板印象的伤害，意识到这也加剧产生了易受骚扰的环境，已经禁止在公共交通系统中投放性别歧视广告和物化女性形象。

154

这些改变不是自然而然发生的。女性正在推动城市认真对待性别歧视的问题，尤其是安全问题。但是，让市政当局，尤其是城市规划师听取女性以及其他弱势公民的经历是一场艰苦的斗争。规划自认为是属于客观、理性、科学的研究和实践的领域。它面向管理或鼓励增长与发展，并为想象中匿名的"公民"提供服务。20世纪80年代和90年代，当女性主义规划师和"多伦多女性规划"这样的群体把性别歧视问题提上规划日程，认为性别、种族和性取向的社会差异可以也应当被考虑在内时，这个想法实际上受到了嘲笑。[222]通常，只有公众关注度高的针对女性的暴力行为才能促使城市采取行动。

2012年的德里，学生乔蒂·辛格（Jyoti Singh）在一辆公共汽车上被残忍地性侵和杀害①，这件事成为国际头条新闻，引发女性走上街头进行抗议，呼吁关注女性安全。20世纪80年代，虽然多伦多的女性组织只在若干起针对女性的袭击引起市府的注意之后，才成功地在市政领域得到一些空间，然而，市议员黄慧文（Kristyn Wong-Tam）还是指出，安全城市的指导方针自从20世纪90年代后期就再也没有更新过。[223]在大多数情况下，女性组织还必须自己动手创造

---

① 原文如此，事实是乔蒂·辛格被轮奸和残暴地殴打，十三天后在医院不治去世。

变革。在德里，卡尔帕纳·维斯瓦纳特（Kalpana Viswanath）开发了一款名为"安全别针"（SafetiPin）的 app，可以收集与女性安全相关的数据，还可以让她们信任的朋友追踪她们的行程。这款 app 已经传播到许多城市，并且与河内和波哥大等地的市政当局合作使用。[224]

"安全别针"就像是"安全审核"（Safety Audit）的高科技版本，后者是多伦多市的多伦多都会区暴力侵害女性和儿童行动委员会（Metro Toronto Action Committee on Violence Against Women and Children，简称 METRAC）创建的一种工具，旨在找出让规划师和官员倾听女性经验的新的通路。重要的是，"安全审核"坚持认为，唯有在这些空间中生活、工作、学习和玩耍的人，才是有关安全和危险的专家。社区成员"四处"行走，收集与照明和视线等要素有关的信息。她们还记录包括怎样、在哪里、为什么会察觉有危险等经验性要素。如今世界各地的城市都在运用"安全审核"，目的是让社区成员能对变革提出具体的建议。[225]

这些对建成环境的变革和新科技的干预能把我们带多远？"通过环境设计预防犯罪"（crime prevention through environmental design，或称为 CPTED）这一学派认为，由于许多犯罪本质上是机会主义的，重要的是减少这些机会。奥斯卡·纽曼（Oscar Newman）的 CPTED 方法以其"可防御空间"的概念而闻名，这个概念认为，通过给予居民控制

156

感和属地感，建筑结构和场地布局等物理特征会让他们积极地预防犯罪。[226] 这类方法假定物理环境和人的行为之间有紧密的关联，犯罪行为则有一定的可预测性，可以通过改变设计来予以缓和。如果设计是解决之道，那么我们现在想必是把犯罪给设计没了？

不幸的是，CPTED 依据的是对空间和恐惧的相当机械的理解，假定恐惧会遵循理性的轨道，当安全性得到改善时，恐惧就会减少。然而，恐惧要复杂得多，人的情绪通常也不是轻易地按照预测来作出反应的。或许最重要的是，女性主义批评家强调了这样一个事实："如果不考虑社会和政治关系，就不可能谈论对特定环境里犯罪威胁的反应，它们构成了相关个体的物理环境和日常生活。"[227] 换言之，我们不可能把社会世界和建成环境分离。

这种复杂性似乎阻碍了城市设计师。女性主义者对城市中女性恐惧的定性研究揭示了一些看似矛盾并且难以解决的结论：在封闭的空间和开放的空间；在繁忙的场所和空旷的地方；在公共交通上和在步行时；独自一人在光线明亮之处或者黑暗之中——她们都感到害怕。[228] 犯罪学家和城市规划师该怎么做？

惠茨曼回忆起，当她向城市规划师介绍她对女性在城市绿地中感到恐惧的研究时，她遭到了拒绝："你想要什么？石板铺路的公园？"[229] 女性主义地理学家希勒·科斯凯拉和蕾切尔·佩因的研究表明，一旦规划师试图拓宽步道，改善照明，但却没能明显地提升安全感时，他们就会不知所措："还有什么可以尝试的呢？"[230]

当我讲授这个素材时，我的地理系学生通常会对这一点非常沮丧，并且着实为之恼火。他们满怀希望地思考环境和设计的解决方案。随后他们却意识到，即使再多的照明也无法废除父权制。"那么，答案是什么呢？"他们会生闷气，并且沮丧地发现，他们所阅读的作者也常常因为研究所得而灰心丧气。这是真的：没有什么直接的解决方法。任何提升城市安全的努力都必须与社会、文化和经济因素以及建成环境的形式相结合。

未能想象不同类型的干预措施，说明了调查所揭示的典型的犯罪恐惧与女性日常现实的脱节。调查往往是针对一个简单而狭隘的"犯罪恐惧"的概念，它们要么含蓄隐晦，要么直截了当地假定犯罪是发生在公共场合的。然而，正如我们所知道的，女性对犯罪的恐惧是由更广泛和更深刻的恐惧和经历所决定的，来自街头骚扰、童年虐待、家庭暴力、社会化、媒体和性犯罪的具体性质，这些都充盈于她们自己的具体惧怕之中。恐惧也由年龄、种族、阶层、性取向、性别认同和能力的差异所决定。因此，女性主义者在为改变既成环境而奔走时，她们从未忽视这样一个事实，女性安全感的缺失是由于一个紧密相扣的网络，正是这个网络在对女性和

158

城市其他弱势群体进行社会控制。在这样的情况下，恐惧永远不可能被简单地"设计没了"。

大胆的女性

对于日常恐惧的影响怎么估计都不为过。即使当恐惧不是很明显地存在时，那些形成了习惯的预防措施的负担总是在那里，尽管它们已经很像本能，我们也几乎意识不到我们正在遵循这些措施。让人惊讶并且往往被忽视的一个事实是，城市女性不断地挑战她们的恐惧，勇敢、自主、自由地行事。

女性还在中央公园慢跑。女性在夜晚搭乘公共汽车。酒吧结束营业时，女性在凌晨三点独自步行回家。女性在炎热的夏日夜晚开着窗户。然而，人们觉得女性的恐惧是如此的根深蒂固（即使有些人认为这是非理性的），以至于很少论及勇敢、智慧和良好的判断力，即使讨论也容易被忽视，认为这是虚假的、表面的故作勇敢。此外，女性发现要承认自己的勇敢和敏锐的判断也极为困难。

希勒·科斯凯拉写到了她称之为"女性的大胆和反抗"，并问道："对女性的勇气和占据空间的能力进行分析，我们能得到什么？"[231]科斯凯拉对赫尔辛基女性的研究表明，女性可以大胆行动，甚至毫不恐惧，然而，即使没有一丝危险或威胁的迹象，在无所畏惧的女性的脑海深处，也常常会有一个声音在说："也许你这会儿应该感到害怕。"

科斯凯拉指出了另一个有意思的现象：即便女性决定果敢行事，并且结果也不错（也就是说，她们没有受到伤害），她们也不会把这些时刻看作是她们基于经验、手头的资讯和自己的直觉做出了明智、理性的选择。相反，她们会把这种情况重新解释为，她们做了蠢事，但"侥幸逃脱了"。

哇，对我来说，她的研究结果真是直击要害。它的一语中的，它包含的启示，指出社会是如何看待女性的选择的，以及我们是如何理解自己的能力、智力和直觉的，都让我印象深刻。我所讲述的每一件有关城市冒险的事——和朋友们在城里待了一整个晚上，2004年大停电时搭便车回家——都是这样结束的："这太蠢了！幸好我没有死在阴沟里！"当我为了硕士论文访问女性时，她们对我讲了一个又一个"占据"城市空间的故事，只是全都不屑地把她们的能力归为"运气"，摇着头不敢相信她们冒了险。

如果我们重新定义这些经历，把它们看作是我们正确处理了可用的信息，并且做出了聪明的、深思熟虑的选择的时刻，又会怎样？女性知道如何运用我们在充满敌意的父权制环境中磨炼出来的直觉，还有那些极度敏感和理性的处理能力。被迫在一个男性主导的世界里生存，培养出了这些技能，而以这样的角度思考则彻底改变了一切。在大多数情况

下，女性行动自如不是因为运气够好，我们是由于聪明、大
胆、老练和有智慧才行动自如的。如果我们拒绝或者不屑于
女性要求勇敢的主张，我们很快就会冒否定女性的主体性和
认识自己的能力的风险。这可不是女性主义者对这个问题的
看法。

这并不是说，任何遭遇了暴力或者伤害的人都"作出
了糟糕的选择"。根本不是这样。唯有作恶者才应该对他们
造成的伤害负责。在很多场合，女性都被社会规训得忽略了
她们的胆量、心灵和思想。我们被教导要友善，不要引起冲
突。我们常常相信，表现得友善可以保护我们不受威胁，因
为我们见识过当女性说不，无视男人，或者逃离讨厌的境况
时，暴力是如何升级的。这是我们的直觉和知识、社会制
约、担忧过于恐惧（例如，"妄想症"）以及我们对过去暴力
的普遍记忆之间的内在角力。伴随着这么多互相矛盾的信
息，即使我们作出了正确的决定，我们也很难相信自己。

我也不是在建议，解决女性对犯罪的恐惧，就是更好地
听从自己的直觉。这根本无助于减少女性面临的最大威胁：
来自家庭、学校和工作场所的男性熟人的暴力。事实上，对
任何想要改善女性安全的人来说，这仍然是一个主要的障
碍。公共的和设计上的介入几乎不解决私人的暴力问题。公
共和私人之间的明显区隔也意味着，这些问题是各自处理
的，并没有深入思考公共和私人（它们本身是过于简单化的

社会和空间类别）是如何互相影响与产生的。[232]女性主义地理学家对此进行了一些重要的干预，但针对女性的暴力规模之大和情况之复杂仍很有挑战性。然而，规模和复杂性并不是我们在问题面前摊手了之的借口。明确无疑的是，无论我们采取什么样的干预措施，都必须考虑空间和社会、公共和私人，最重要的是，它们必须是交叉的。

161

交叉性和暴力

虽然，基于性别的暴力或许是一个公分母，但总是别的社会位置标志决定了女性遇到的某一类型的暴力、骚扰和危险，并且它们是不可分割的。不能要求一个被扯下头巾的穆斯林女性选择她面对的暴力是性别歧视还是伊斯兰恐惧症。针对原住民女性的暴力数量之多、历史之久也不能简单地归为种族主义、殖民主义和性别歧视的某一个原因。如同原住民女性长久以来主张的，基于性别的暴力是定居者殖民主义的一个关键工具，这个国家的政府和个人一直以来都在使用这个工具。[233]

2018 年底到 2019 年，拘留移民儿童的可怕事件吸引了人们的注意，这说明了国家是如何恐吓那些没有正式移民身份的人，尤其是女性，不让他们求得庇护的。残障女性在世界各地都面临最严重的身体伤害和性暴力。有色人种的跨性别女性，尤其是那些可能从事性工作的，被杀害的比例令人震惊。在所有这些案例中，性别和性别特征都十分明显，但性别化暴力在每一种情况下都密切关联了其他形式的暴力。

在城市里，公共暴力和对犯罪的恐惧通常被视为单一议题，例如"女性问题"。这就使得介入的手段很有限，其中有些还注定是失败的，它们没有考虑女性的多重社会位置。尽力加强治安管理、增加照明和安装闭路电视监控，这很可能使得街道对性工作者来说变得更加危险，她们不仅要冒被警察逮捕和粗暴执法的风险，还会被推到不那么安全的地方进行交易。没有正式移民身份或不会说当地语言的女性，在使用那些为让女性更安全而设计的服务和空间时可能会感觉不安。[234] 就算是在公交汽车停靠站之间要求下车也可能困难重重。普遍缺乏供残障人士使用的无障碍空间，这也意味着残障女性在安全方面的选择极为有限。因此，任何旨在提高安全性的政策、实践和设计的变革都必须认真考虑其社会成员会受到怎样的影响。或许不可能找到一个万全之策，但我们还是需要尽可能地采用交叉性的方法。

同样，依靠城市来成为女性后盾也不那么有效。我想起一种不算少见也令人不安的做法，篡改警方的统计数据，使得针对女性的犯罪，尤其是性侵犯不复存在。在 20 世纪 90 年代，费城警方就被发现一直在操纵犯罪数据，好让这座城市——尤其是正在迅速士绅化的市中心——看起来比实际上安全。地理学家亚历克·布朗洛（Alec Brownlow）对这个案例的研究显示，数十年来，警方故意改动有关性暴力的案情报告，尤其是关于强奸的，把这些案情报告归为"毫无根据的"或只是"个人调查"。[235]多达三分之一的犯罪被错误地编码。威妮弗雷德·柯伦把士绅化和性别化暴力联系在一起，她指出，通过隐匿强奸案，费城把自己营造成对包括女性在内的年轻、单身专业人士最好也是最安全的城市之一。[236]

　　2017年，加拿大记者萝宾·杜利特尔（Robyn Doolittle）揭发了全国各地的警察令人震惊地普遍使用"毫无根据"这一标签，促使几乎每一个司法管辖区都对这种做法进行了审查，约有37000例案件被重新审理（杜利特尔，2017b）。[237]杜利特尔的研究揭示了强奸迷思在警探中的盛行，他们似乎并不了解创伤、受害人有罪和熟人强奸的动态。它还进一步地说明了，当案情报告的缺失使得针对女性的暴力不为人所知时，对暴力行为的报警可能也无助于改变这种境况。基于性别的暴力的真实情况仍然未知，部分原因是我们的机构似乎在减少这些犯罪方面投入极大。

　　布朗洛和杜利特尔揭露的事情，让我一想到它们就血压飙升。我不得不中止写作，洗了一大堆衣服才冷静下来以分享她们的发现。这些"毫无根据"的调查是令人痛心的提醒，城市很少真正地致力于为女性提供更安全的环境。相反，浮于表面的安全取代了我们的最终目标。

163

让城市对女性来说**看起来**是安全的，也往往会使之对其他边缘化群体变得不那么安全。"净化"市中心和"振兴"居民区和商业区的努力通常是通过综合手段完成的，一方面是审美尺度（美化工程），另一方面则是主动地强迫迁徙被认为是代表了失序、危险、犯罪和疾病的人群。从历史来看，整个有色人种社区，尤其是黑人社区，都以城市改建的名义被夷为平地，包括哈利法克斯（Halifax）的非洲村和温哥华的霍根巷（Hogan's Alley）。在今天，较为隐秘的做法还有通过刑事定罪来针对无家可归者和性工作者。对年轻人，尤其是有色人种年轻人，则通过核查身份和过度逮捕来进行严格监管。为弱势群体和新移民服务的空间也被关闭、迁移或者削减资源，以便把穷人、工人阶层和种族化群体赶出"新生区域"。

白人，包括白人女性，随时准备向警方举报有色人种，这使得他们成为这种监管制度的有效代理人。在某种程度上，所谓的"监禁女性主义"（carceral feminism）正是罪魁祸首：一种反暴力工作的说法，呼吁严厉的惩罚，依靠警察和刑事司法系统来解决基于性别的暴力问题。[238] 非洲裔美国人研究学教授贝丝·里奇（Beth Richie）在她的著作《被逮捕的正义：黑人女性、暴力和美国的监狱国家》（*Arrested Justice: Black Women, Violence, and America's Prison Nation*）[239] 指出，尽管在过去的数十年间，一些女性看到了安全状况的改善，但弱势女性仍"和从前一样处于危险之中，而这正是由于在美国构建监狱国家的过程中，反暴力运动所采取的意识形态和战略方向所导致的"。在刑事司法系统种族化和阶层化的背景下，监禁法只会加重不平等，不断地再次污名化和过度针对黑人、原住民和有色人种的家庭。监禁女性主义无意中参与了一个体系，在其中，警察和城市实际上几乎未能改善女性的安全状况，但却可以利用女性的安全，使得针对其他弱势群体的政策和做法正当化，并让他们更容易受到国家和街头暴力的影响。

在我对多伦多"性别和共有公寓的开发"的研究中，我发现开发商和房地产经纪人热情地向女性推销共有公寓，认为 24 小时全天候的门卫和安保，还有指纹锁、闭路电视监控和报警系统等技术功能，都使得共有公寓成为女性生活在市中心最安全的选择。[240] 当共有公寓来到曾被污名化或被视为废弃的工业区，而今却是新兴的社区时，这些特色受到了高度追捧。我那时就认为，通过使共有公寓对女性来说是"安全"的，开发商正在为扩张到社区铺平道路，否则就可能会使得房地产投资有风险。这种扩张当然一点都不会让女性的生活更安全，只会让她们由于这种士绅化的形式而流离失所。它也根本不能解决家庭暴力的问题。此外，要求女性通过拥有共有公寓来"购买"她们的安全，这助长了私有化的趋势，在这种趋势下，人们对自己的幸福负责，甚至要对

165

自己免遭犯罪的安全负责。在城市中，把安全作为一种私人商品，意味着它对那些缺乏经济手段来保障安全的人来说，越来越难以获得了。这显然与为女性打造更安全的城市这一女性主义交叉性愿景相去甚远。

我们或许不知道一个安全的城市到底是什么样子的，但我们知道它不会涉及私人安全措施。它不会依靠警方来预防或充分调查犯罪。它不会为了营造安全的表象而把性工作者、有色人种、年轻人和移民抛在一边。它不会以享有特权的白人女性的需求和欲望为中心。它也不会指望靠物理上的变化来推翻父权制的统治。

最起码，需要采用一种从最弱势群体的需求和视角出发的交叉性方法。倾听并且信任女性将会成为惯例。对私人和公共暴力相互关联的理解将会加深。强奸迷思和强奸文化将会被摧毁。恐惧不会成为社会控制的手段。在一个安全的女性主义城市里，女性不必鼓足勇气才能走出大门。我们的精力不会浪费在海量的安全措施上。在这个城市里，所有女性可以为世界做的，都能实现。

可
能
性
之
城

我对多伦多、伦敦和纽约这样的城市的最初记忆是印象主
义的，并且常常是怀旧的，是转瞬即逝的对声音、气味、氛围
和身体感觉的回忆。随着年龄的增长，这些感觉吸引我去加拿
大最大的城市读大学，搬到伦敦，以研究城市为生。如今，当
我回到这座城市，我身体里的某些东西发生了变化，某种对于
城市的肌肉记忆掌控了我。我走下火车，现身于繁忙的城市
街头，我的姿态变了，步伐不一样了，脸上的表情也不同了。
十年的小镇生活意味着和以前相比，我会收到更多的来自陌
生人的视线，但我的身体仍然知道该如何在城市中穿行。

　　我是从女性在城市生活中的具身经验所产生的问题开始
写作女性主义城市文章的。"身边的地理空间"提供了坚实
的材料，可以用来质疑城市里我们习以为常的一切。并且，
由于女性被描写为城市问题的许多方面都与我们的身体有

167 关——太肥胖、太能生、太性感、太邋遢、太脆弱——我们必须不断地回到身体，来帮助我们想象其他选择。女性主义城市活动家和学者关注身体，并且悉心知会身体正是性别、阶层、种族和性别化城市权力关系以及政治主张起作用的场所。[241] 虽然我自己的具身经验并不普遍，但我知道它能引起共鸣，因为自从城市生活成为一个不容忽视的社会问题以来，女性一直在谈论、写作，有时还大声疾呼这些问题。

城市对女性来说或许是真正的危机四伏的雷区，但正如丽贝卡·特雷斯特所写的，它也可以是一种"真爱"，为女性准备了一应传统婚姻会提供的支持，除此以外，还有更多的自由。[242] 如今，看着我的女儿，我为她在城市里自信又欢欣而感到高兴。她十八岁时搬到了蒙特利尔，一座她几乎不了解的城市。在电话里，她很开心有了新的地铁通票："我喜欢哪儿都能去！"我去探望的时候，她就像一个土生土长的城里人那样步履生风，甚至对我来说都太快了。我想要她勇敢又大胆，我想要她占据这里的空间。我不太让自己胡思乱想，沉浸在每一个父母都偶尔会思及的那些可怕场景里。我当然也不会让我的担忧成为她的负担，尽管我们很坦率地讨论过很多有关安全、旁观者介入①和强奸文化的话题，

————————

① 旁观者介入（bystander intervention），指人们在紧急事件中，表现出来的救助或干预的行为。旁观者介入模型分为五个阶段：注意到紧急事件；判断是否为紧急事件；判断自己是否有责任救助；决定介入的方式，是直接救助，还是间接地求助警察或他人；实施救助。

而她对这些话题的理解远胜过十八岁时的我。我确实想知道她还有什么瞒着我的。我自己的经历告诉我，我早就清楚那些没有说出口的问题的答案，然而我并不希望这一切阻止她热爱她的城市生活。

尽管如此，她还是明白了，作为一个独自在城市里生活的女性，就意味着要习得一套具身习惯，而且多数是不知不觉地。随着时间的推移，通过重复［或者迭代，如同朱迪思·巴特勒（Judith Butler）会说的[243]］，这些东西浓缩并塑造了身体。你的姿态、走路样子、脸部表情、手势动作、眼神交流、站立姿势、肌肉紧张度等等，都是由于周旋在城市环境——男性之城——和它兜兜转转的人际关系里而形成的。你的身体会"记录"恐惧、骚扰、暴力和讨厌的动手动脚的时刻。[244]它抓住了那种震惊感，蓄意、不请自来的非礼所带来的畏缩、厌恶和愤怒。当战斗或逃跑的冲动袭来的一刻，会留下鲜明的印记。对性化的、物化的挑逗会发自内心的憎恶，以及随之而来的羞辱和无力的愤怒简直难以抑制。有时候它们就快喷涌而出，条件反射一样地就要骂骂咧咧并且摆出鄙夷的手势。当我搬到小镇，听到轰鸣的喇叭或吼叫的声音时，我也不得不抑制这种本能反射，免得对毫无顾忌的亲爱的同事和邻居竖起中指。不过，数十年的城市生活还是教会了我不要信任公共空间。

我不喜欢我这样的被社会化所规训出的反应。这并不是

168

因为在我想象的城市中，陌生人之间可以无拘无束地、任意地进行身体或其他形式的接触。然而，这种不信任渗透到了城市生活的其他方面以及不那么"碰触"的城市接触形式。想要在我周围保持一个安全空间，想要尽可能地控制我的私人空间，这种渴望意味着我对其他种种经验、关系和邂逅不那么开放。造成这种封闭感的正是那些有关卫生、疾病、传染病的阶级化、种族化和性别化的观念，以及谁值得交往的问题。我会向那些无家可归的人伸出援手，给他们钱和食物吗？会帮助那些身体不适或受伤的人吗？会给性工作者或者艾滋病组织做志愿者吗？会和跨性别人群结成同盟吗？会把我的孩子送到种族多样化社区的学校吗？会加入为各种体型人士和残障人士举办的瑜伽班吗？会参加帕瓦仪式①或圆舞②吗？

我并不认为，性别化的恐惧直接导致了对各种跨越不同人群的接触的担忧，也不认为它让各种偏执都能解释得通。但它对打破障碍毫无用处。当你经历过恐惧或创伤，当陌生人试图侵犯你的私人空间和身体，你就会有所保留。你不会

---

① 帕瓦仪式（pow wow），美洲印第安人聚集在一起唱歌、跳舞，进行宗教仪式或祈福庆祝等的活动。传统的帕瓦仪式只允许部落内部或临近友好部落的人参加，如今已经放开。
② 圆舞（round dance），美洲印第安人的一种舞蹈，通常在帕瓦仪式上跳。

那么随心所欲地寻求各种各样的接触，不会毫无戒备地体验新的环境，也不会向这个世界奉献自己的一点力量。你可能会偷偷地或不那么偷偷地想要一辆 SUV 来保护自己不受打扰。[245] 想要生活在全天候安保的共有公寓似乎是很自然的。选择一个里面的人举止、言谈和行为都与你相像的社区或许也让人心安。女性当然需要挑战这些冲动。我们需要认识到，通过把社会化内化为恐惧，对女性的社会控制成为系统的一部分，而这个系统正试图推行其他形式的排斥、隔离和对差异化的恐惧。不过，在女性经历过骚扰、物化、限制和真正的暴力的城市里，打破这些系统会变得尤其困难。

虽然我并不幻想过去的公共空间对女性、酷儿人群、黑人和原住民或有色人种来说一直是令人愉快的，但最近的数十年来已经有了虽不乐观却很明显的变化，自发的、没有威胁的跨越不同人群的接触有了可能。科幻小说家塞缪尔·R.狄兰尼（Samuel R. Delany）写到了时代广场在 20 世纪 80 年代和 90 年代的变化，它从一个"放荡而喧嚣"的酷儿人群交流的场所转变成了一个迪士尼化的商业空间，对中产阶级和游客来说明净又安全。[246] 虽然狄兰尼并不想怀旧，但他试图事无巨细地记录下他记忆中的街头生活、当地的男妓、色情剧院以及这个地区的整体气氛，该地区很可能是 20 世纪 90 年代市长鲁迪·朱利安尼零容忍"清理"运动中第一个经历了全面蜕变的地区。狄兰尼不仅回忆起第 42 街上男

170

同性恋进行性交往的空间，还有种族多样化的社区，生机勃勃的街头生活，便宜的食物、酒水和娱乐场所。

女性主义地理学家和制片人布蕾特·斯托里（Brett Story）贴切地把狄兰尼的回忆录描述为"一部有关在'家庭价值观'和景观旅游的边缘与陌生人接触的专著"。[247] 在她自己的写作中，斯托里认为城市里的"边缘接触"是对由警察来接触所有人群的资本主义力量的一种僭越。这种接触有可能会改变城市里的社会关系。但"在资本之城……这个不属于任何人的城市"[248] 里，平淡而中性的空间、经常的危机感、过度的监控和过度的治安占据了主流，普通的接触变得越来越不可能，而且充满了焦虑。

在这个背景下，差异化的具身特征起到了蝙蝠信号①的作用，呼唤城市鼓励再开发、士绅化和超级管制②。在不断变化的社区中，身体栖居和移动的方式向我们传递了很多谁属于社区的信息。站立的姿势、眼神交流（或没有眼神交流）、走路的样子、说话的语调、饮食方式等微妙的习惯揭示了归属与排斥的文化/社会标志。[249] 比如，做瑜伽的妈妈和蓄胡子的时髦人的身体象征了士绅化。[250] 由于年龄、疾病、

---

① 蝙蝠信号（bat-signals），指 DC 漫画《蝙蝠侠》中用信号灯在城市天空投射的蝙蝠形象，以呼唤蝙蝠侠来行侠仗义。
② 超级管制（hyper-policing），指对黑人等贫困社区的过度管制，实际上使得这些社区的犯罪被正常化，并且被区隔开来。

残障、种族、阶级、性取向、上瘾等而不合规的身体就会被标记为"格格不入"的，是要被取代的目标。

这种动态变化在士绅化区域极为普遍，并且还受到了新技术的推动。"Nextdoor"[①]这样的私人社交媒体应用程序让居民可以举报那些看起来可疑的人，并且可以针对个人和企业进行投诉，从烹饪的气味到播放的音乐类型等无所不包。毫不意外，正是那些白人中产阶级在用这些新技术举报他们的有色人种邻居、长期居民和企业。丽贝卡·索尔尼特（Rebecca Solnit）调查了亚历克斯·涅托（Alex Nieto）在旧金山士绅化的伯纳尔高地（Bernal Heights）地区被射杀的事件，两名遛狗的白人男性举报他很可疑（当时他正坐在公园长椅上吃墨西哥卷饼，准备上班），索尔尼特写道，有色人种"似乎是他们自己社区的威胁和闯入者"，面临驱逐、警察暴力，甚至可能是死亡。[251]

流离失所、危险和死亡的具身政治提醒我，当试图把女性主义视角引入接触、变革和城市未来等问题时，还需要关注很多东西。人们会说，如果不能首先保证女性在城市里的安全，这一切都不可能实现。然而，在新自由主义城市生活时代，为了达到这一目的而偏好使用的手段，如强化国家和

---

① Nextdoor，意为"邻里""隔壁"，是美国最大的邻里社交 app，强调社区安全和互助，注册十分严格，需要提供家庭住址证明。

公司的监管、军事化管制和公共空间的私人化，很有可能会削减其他人的安全。这些措施在解决女性安全面临的最大威胁，亦即她们在私人空间所遭受的暴力上，同样作用甚微或甚至毫无用处。

依靠经济平等的措施来解决问题也很吸引人。当然，经济适用住宅、最低生活工资、免费的儿童保育、可负担的医疗保健和教育是大多数女性主义城市愿景的重要组成部分。但是，太多的马克思主义者和"批判性"的学术和行动主义把性别、种族、性取向和残障置于斗争的边缘，错误地以为一旦经济问题得到解决，其他一切都会迎刃而解。[252] 但是，不能真正地考虑养育工作和社会再生产，更不用说基于性别的暴力，就意味着过于依赖经济解决方案不可能像我们所希望的那样具有变革性。

这些经济愿景很少涉及定居者殖民主义或城市去殖民化的可能性。在加拿大、美国、澳大利亚这样的定居者殖民国家，一切有关空间的城市规划决策都早就该让原住民族参与进来了。虽然大规模的去殖民化或许还有很长的路要走，但城市土地使用权转让和城市保留地不失为一个让原住民重新获得对殖民城市空间控制的方法。[253] 在更日常的层面上，通过深入理解厌女症和结构性定居者暴力之间的关系，并以此来解决城市女性原住民面对的暴力问题，这对于推动城市和解的任何努力都至关重要。

回顾过去也是一个有局限的选择。尽管有些城市规划学家怀念智能手机之前的年代，那时的街头生活要更友好些，狄兰尼所描述的偶遇也更有可能发生，但现实却是这种简·雅各布斯的场景里隐藏了广泛的对种族、阶级、残障和性取向的排斥。詹姆斯·鲍德温（James Baldwin）描写了和雅各布斯一样的社区，作为一名黑人酷儿男性，他在那里经常受到警察的骚扰，被当作一个危险的外来者，而不是雅各布斯本人版本的格林威治村那令人愉快的多样性的一部分。[254] 虽然我认为我们可以从士绅化或城市更新之前的社区学到一些宝贵经验，但我们需要放下玫瑰色的眼镜①，注意到这幅理想化的城市生活图景中缺失了哪些人。

我们从哪里开始呢？首先，城市规划、政治和建筑的面貌必须改变。在那些对人们日常生活产生巨大影响的决策者中，需要体现更广泛的生活经验。对于大大小小的决策，交叉性分析必须成为通用的方法：在哪里设立新的小学，公交车站之间的距离有多远，是否可以在户外经营小生意，等等。在南半球城市，外国 NGO 和地方当局需要扩大女性的声音，她们最清楚什么样的变革能改善她们的生活。原住民的利益需要得到代表。改善女性安全的规划不能复制针对穷

---

① 玫瑰色的眼镜（rose-coloured glasses），指过于乐观、理想主义的视角。

人和有色人种的监狱模式。

我想强调的是，女性主义城市的愿景始终存在。有些从未完全实现，有些已经过去，但当下正有一些活生生的实践和理想并行的例子，并且就在我们眼前。那些可能存在的零星抵抗，或仅仅是设法提供关怀、工作、食物等可选择方式，都是实现更广泛、更具变革性的可能性的所在。类似于哥本哈根世界文化中心（Verdenskulturcentret）的"多来点香料"（Send Flere Krydderier）咖啡馆这样的场所，移民女性在里面准备待出售的食物，通过技艺来分享她们的故事，并与社区建立联系。我的朋友和同事希瑟·麦克莱恩（Heather McLean）描写了格拉斯哥金宁公园综合体（Kinning Park Complex），这是一个位于工人阶级、种族化社区的社区组织，那里的新移民和工人阶级邻居团结互助，促成了社区用餐、修理咖啡馆①和充满活力的表演。[255]在我以前住过的多伦多枢纽社区，学者、艺术家、活动家金·杰克逊（Kim Jackson）和南希·维瓦·戴维斯·哈利法克斯（Nancy Viva Davis Halifax）在伊万杰琳女子收容所组织了星期一之夜艺术小组。一个夏天，我有几个星期都去拜访了这个小组，用这个集体的话语来说，我体会到了金和南希以及所有参与其

174

---

① 修理咖啡馆（repair cafés），一种技术熟练的志愿者帮助有修理需求的本地居民的聚会。

中的女性，她们是如何从"新自由主义的贫困条件"所塑造的收容所经验中创造出不同的东西的：

> MAG 艺术展览是这样一个空间，女性在其中从事自己的项目，发展技能，制作礼物或其他实用物品，分享和生产知识并与他人共度时光，换句话说，MAG 艺术展览是一个交换情感、知识、信息、支持、资源和礼物的非经济空间。MAG 艺术展览也是一个表演空间，在这里我们既突破了邻里关系的边界，也跨越了社会艺术、对话和抵抗的界限。[256]

在更广阔的舞台上，女性正在引领一些我们这个时代最具变革性的社会运动，这些运动正在改变我们关于城市未来和城市生活能够展开的对话。"黑人的命也是命"挑战了我们自以为相信的一切：治安、安全、犯罪和危险，以及它们与社会福利住房、士绅化、地方政府等深刻的性别化问题的联系。"不再无作为"（Idle No More）是由原住民女性领导的环境运动，它成功地让原住民和非原住民结盟，共同投身于遍及加拿大各城市的抗议和互动活动，为更广阔地理解环境问题何以必须成为广泛团结的关键点打开了新的通道。

"争取 15 美元时薪"（Fight for $15）运动是一项由女性领导的运动，旨在为城市低收入工人确立足够维持生活的工资标准，它开始于 2012 年纽约市的工人罢工。这一运动形容这些人为"快餐工人、家庭保健助理、儿童保育教师、机场工人、兼职教授、零售业员工——以及各地的低收入工人"，并且主要支持女性和具有种族色彩的劳动力，正是低工资、长时间劳动和不稳定的工作条件（包括泛滥的性骚扰）深刻地影响了各地女性以及她们家庭的生活。[257] 在英国，当伦敦地方议会决定拆除她们的社会保障住房时，投身"焦点 E15 运动"（Focus E15 Campaign）的女性（她们也被称为"E15 妈妈"）拒绝搬出。她们被告知，她们必须分流到其他城市的社会保障住房。从 2013 年起，她们的运动广泛地传播开来，抗议"整个城市的社会清洗进程，使得低收入人群由于租金上涨、福利削减和社会保障住房的短缺而被迫搬到伦敦的边缘地带甚至更远的地方"。[258] 在英国和其他地方，大多数社会保障住房的租户都是女性，在这一背景下，该团体致力于使人们更多地认识到，在士绅化市场中大规模重新开发社会保障住房是如何影响女性的。

这些运动与许许多多其他的运动一起，正在使女性主义城市的愿景付诸现实。这些愿景需要我们思考以新的方式来组织有偿工作、保育工作和社会再生产。重要的是，它们并不依赖异性恋核心家庭作为组织这些关系的默认基础。它们也不依赖家庭或男性作为女性经济和人身保护的源头，尽管它们认识到允许人们建立和培养自己的亲属关系的重要性。

它们承认女性的自主权，也认识到我们与朋友、社区和运动之间的联系。它们呼吁每一个想要在家中、街头、浴室、工作场所和学校感到安全的人团结起来。它们认识到性别问题和其他多种特权以及压迫体系的交集，拒绝了把提升享有特权的白人女性的地位视为成功标志的女性主义。

女性主义城市并不需要一张蓝图来实现。我也并不想要一个女性主义超级规划师把一切都推倒重来。不过，一旦我们开始看到这座城市是如何建立起来，以维持一种特殊的组织社会的方式——跨越性别、种族、性取向，等等——我们就可以开始展望新的可能性了。有不同的方式来使用我们所拥有的城市空间。有无穷的选择来创造不一样的空间。有小小的女性主义城市在各地的社区中萌芽，只要我们能够识别并培育它们。女性主义城市是一个雄心勃勃的项目，它并没有一个"主导"的规划，在事实上抵制了掌控的诱惑。女性主义城市是一个正在进行的实验，要在城市的世界中以不一样的方式生活，更美好，也更公平。

176

引言　男性之城

[1] Elizabeth Wilson, *The Sphinx in the City: Urban Life, the Control of Disorder, and Women* (Berkeley: University of California Press, 1991), 29.

[2] Judith R. Walkowitz, *City of Dreadful Delight: Narratives of Sexual Danger in Late-Victorian London* (Chicago: The University of Chicago Press, 1992), 11.

[3] Wilson, 27.

[4] Wilson, 39.

[5] Lee Maracle, *I Am Woman: A Native Perspective on Sociology and Feminism* (Vancouver: Press Gang, 1996); Andrea Smith, *Conquest: Sexual Violence and American Indian Genocide* (Cambridge: South End Press, 2005).

[6] Sarah Hunt, "Representing Colonial Violence: Trafficking, Sex Work, and the Violence of Law," *Atlantis*, 37.2, 1 (2015/2016): 25–39.

[7] University of Toronto Magazine, *The Cities We Need*, Autumn 2018.

[8] Sara Ahmed, "White Men," *feministkilljoys*, accessed January 28, 2019,

https://feministkilljoys.com/2014/11/04/white-men/ (original emphasis).

［9］Adrienne Rich, *Blood, Bread, and Poetry: Selected Prose 1979–1985* (New York: W.W. Norton, 1994).

［10］Rich, 213.

［11］Rich, 216.

［12］最初由活动家 Tarana Burke 于 2005 年创建的一个群组；"#MeToo" 2017 年成为 Twitter 的话题标签。

［13］例如，经证实，超过 150 名女性被 Larry Nasser（专为美国体操精英和大学运动员服务的医生）性侵。

［14］Gerda Wekerle, "A Woman's Place is in the City," *Antipode*, 16, 3 (1984): 11–19.

［15］Elizabeth Stanko, "Women, Crime, and Fear," *Annals of the American Academy of Political and Social Science*, 539, 1 (1995): 46–58.

［16］Wilson, *The Sphinx in the City*, 31.

［17］Charlotte Brontë, *Villette* (1853), cited in Wilson, *The Sphinx in the City*, 30.

［18］Leslie Kern, "Selling the 'Scary City': Gendering Freedom, Fear and Condominium Development in the Neoliberal City," *Social & Cultural Geography*, 11, 3 (2010): 209–230.

［19］1986 年至 2019 年，Margaret Wente 在加拿大的国内报纸《环球邮报》撰写每周专栏文章。

［20］Jane Darke, "The Man-Shaped City," in *Changing Places: Women's Lives in the City*, eds. Chris Booth, Jane Darke and Sue Yeandle (London: Sage, 1996), 88 (my emphasis).

［21］Caroline Criado Perez, *Invisible Women: Data Bias in a World Designed for Men* (New York: Abrams, 2019).

178

［22］Oliver Moore, "The 'Baked-In Biases' of the Public Square: Calls Grow to Redesign Cities with Women in Mind," *The Globe and Mail*, April 1, 2019, https://www.theglobeandmail.com/canada/toronto/article-designing-safer-cities-for-women/.

［23］Dolores Hayden, "Skyscraper Seduction, Skyscraper Rape," *Heresies,* 2 (May 1977): 108–115.

［24］Liz Bondi, "Gender Symbols and Urban Landscapes," *Progress in Human Geography*, 16, 2 (1992): 160.

［25］Bondi, 160.

［26］Janice Monk and Susan Hanson, "On Not Excluding Half of the Human in Human Geography," *The Professional Geographer*, 34 (1982): 11–23.

［27］Kimberlé Crenshaw, "Demarginalizing the Intersection of Race and Sex: A Black Feminist Critique of Antidiscrimination Doctrine, Feminist Theory, and Antiracist Politics," in *Feminist Legal Theory: Readings In Law And Gender*, eds. Katherine Bartlett and Roseanne Kennedy (New York: Routledge, 1991); Patricia Hill Collins, *Black Feminist Thought: Knowledge, Consciousness, and the Politics of Empowerment*, 2nd Edition (New York: Routledge, 2000); bell hooks, *Feminist Theory: From Margin to Center*, 2nd Edition (Cambridge: South End Press, 2000).

［28］Gill Valentine, "'Sticks and Stones May Break My Bones': A Personal Geography of Harassment," *Antipode*, 30, 4 (1998): 305–332; Laura Pulido, "Reflections on a White Discipline," *The Professional Geographer*, 54, 1 (2002): 42–49; Audrey Kobayashi, "Coloring the Field: Gender, 'Race,' and the Politics of Fieldwork," *The Professional Geographer*, 46, 1 (1994): 73–80; Katherine McKittrick, *Demonic Grounds: Black Women and the Cartographies of Struggle* (Minneapolis: University of Minnesota Press, 2006).

［29］Donna Haraway, "Situated Knowledges: The Science Question in Feminism and the Privilege of Partial Perspective," *Feminist Studies* 14, 3 (1988): 575–599.

［30］Linda Peake and Martina Rieker, eds., *Rethinking Feminist Interventions into the Urban* (London: Routledge, 2013).

179 **第一章　母亲之城**

［31］Charles Baudelaire, *The Painter of Modern Life* (New York: Da Capo Press, 1964). Orig. published in Le Figaro, in 1863.

［32］Walter Benjamin, *The Arcades Project*, ed. Rolf Tiedemann, trans. Howard Eiland and Kevin McLaughlin (Cambridge: Belknap Press, 1999); Georg Simmel, "The Metropolis and Mental Life," adapt. D. Weinstein from trans. Kurt Wolff in *The Sociology of Georg Simmel* (New York: Free Press, 1950): 409–424.

［33］Janet Wolff, "The Invisible Flâneuse: Women and the Literature of Modernity," *Theory, Culture, and Society*, 3 (1985): 37–46.

［34］Virginia Woolf, "Street Haunting: A London Adventure," in *Volume IV Collected Essays* (New York: Harcourt, Brace and World, Inc., 1930): 166.

［35］Virginia Woolf, *The Diary of Virginia Woolf* (London: Hogarth Press, 1977).

［36］Sally Munt, "The Lesbian Flâneur," in *The Unknown City: Contesting Architecture and Social Space*, eds. Iain Borden, Joe Kerr, Jane Rendell with Alicia Pavaro (Cambridge: MIT Press, 2000): 247–262.

［37］Lauren Elkin, *Flâneuse: Women Walk the City in Paris, New York, Tokyo, Venice, and London* (New York: Farrar, Strauss and Giroux, 2016), chap. 1:

Flâneuseing, Kindle.

［38］Elkin, *Flâneuse.*

［39］Katerie Gladdys, "Stroller Flâneur," *Wagadu*, 7 (Today's Global Flâneuse, 2011), 84–85.

［40］Anna Quindlen, "The Ignominy of Being Pregnant in New York City," *New York Times*, March 27, 1996, https://www.nytimes.com/1986/03/27/ garden/hers-the-ignominy-of-being-pregnant-in-new-york-city.html.

［41］Wekerle, "A Woman's Place is in the City."

［42］Betty Friedan, *The Feminine Mystique* (New York: W.W. Norton & Company, Inc., 1997［1963］): 57.

［43］Dolores Hayden, *Redesigning the American Dream: Gender, Housing, and Family Life* (New York: W.W. Norton & Company, Inc., 2002): 30.

［44］Ta-Nehisi Coates, "The Case for Reparations," *The Atlantic*, June (2014): https://www.theatlantic.com/magazine/archive/2014/06/the-case-for-reparations/ 361631/.

［45］Hayden, *Redesigning the American Dream*, 59.

［46］Sherilyn MacGregor, "Deconstructing the Man Made City," in *Change of Plans: Towards a Non-Sexist Sustainable City*, ed. Margrit Eichler (Toronto: Garamond Press, 1995): 30.

［47］Wekerle, "A Woman's Place is in the City," 11.

［48］Wekerle, 11.

［49］Jane Jacobs, *The Death and Life of Great American Cities* (New York: Vintage Books, 1961).

［50］Kim England, "Gender Relations and the Spatial Structure of the City," *Geoforum*, 22, 2 (1991): 136.

［51］Gerda Wekerle, "Gender Planning in Public Transit: Political Process,

180

Changing Discourse and Practice," in *Gender and Planning: A Reader*, eds. Susan S. Fainstein and Lisa J. Sevron (New Brunswick: Rutgers University Press, 2005): 275–300.

［52］Aarian Marshall, "The Pink Transit Tax: Women Spend More Than Men to Get Around NYC," *Wired*, November 12, 2018, https://www.wired.com/story/nyc-public-transportation-pink-tax-gender-gap/?mbid=social_twitter_onsiteshare.

［53］Noah Richardson, "Why London's Subway System Leaves So Many Disabled People Without a Ride," *CBC News*, September 3, 2018, https://www.cbc.ca/news/world/london-tube-subway-disabled-riders-1.4804602.

［54］Erin Durkin, "New York Subway: Woman Dies While Carrying Baby Stroller on Stairs," *The Guardian*, January 29, 2019, https://www.theguardian.com/us-news/2019/jan/29/new-york-subway-woman-dies-baby-stroller-stairs.

［55］Christine Murray, "What Would Cities Look Like if They Were Designed by Mothers?," *The Guardian*, August 27, 2018, https://www.theguardian.com/commentisfree/2018/aug/27/architects-diversity-cities-designed-mothers.

［56］Jessica Linzey, "In the 70s, Daring Young Women Created the North's First Public Transit System," *CBC Radio*, August 17, 2018, https://www.cbc.ca/radio/thesundayedition/the-sunday-edition-april-29-2018-1.4638038/in-the-70s-daring-young-women-created-the-north-s-first-public-transit-system-1.4638092.

［57］Ila Kazmi, "These Gully Girls from Delhi Are Rapping for Safe Public Spaces," *The Quint*, January 11, 2019, https://www.thequint.com/neon/gender/these-girls-from-madanpur-khadar-in-delhi-are-using-rap-to-talk-about-unsafe-streets-and-lack-of-public-transport.

［58］ *Evening Standard*, "Pregnant Commuter's Fury at Being Forced to Sit on Carriage Floor Instead of in First Class," February 17, 2014, https://www. standard.co.uk/news/transport/pregnant-commuters-fury-at-being-forced-to-sit-on-carriage-floor-instead-of-in-first-class-9133213.html.

［59］ Damaris Rose, "Feminist Perspectives on Employment Restructuring and Gentrification: The Case of Montreal," in *The Power of Geography*, eds. Jennifer Wolch and Michael Dear (Boston: Unwin Hyman, 1989): 118–138; Ann R. Markusen, "City Spatial Structure, Women's Household Work, and National Urban Policy," *Signs: Journal of Women in Culture and Society* 5, S3 (Spring 1980): S22–S44.

［60］ Winifred Curran, *Gender and Gentrification* (New York: Routledge, 2018): 3.

［61］ Curran, 6.

［62］ Curran, 50.

［63］ Leslie Kern, *Sex and the Revitalized City: Gender, Condominium Development, and Urban Citizenship* (Vancouver: UBC Press, 2010).

［64］ Sharon Hays, *The Cultural Contradictions of Motherhood* (New Haven: Yale University Press, 1996): 15.

［65］ Andrea O'Reilly, ed., *Twenty-First Century Motherhood: Experience, Identity, Policy, Agency* (New York: Columbia University Press, 2010).

［66］ Curran, *Gender and Gentrification*; Lia Karsten, "From Yuppies to Yupps: Family Gentrifiers Consuming Spaces and Re-Inventing Cities," *Tijdschrift voor economische en sociale geografie*, 105, 2 (2014): 175–188.

［67］ Brenda Yeoh, Shirlena Huang, and Katie Willis, "Global Cities, Transnational Flows and Gender Dimensions: The View From Singapore," *Tijdschrift voor economische en sociale geografie* 91, 2 (2000).

181

[68] Geraldine Pratt, *Families Apart: Migrant Mothers and the Conflicts of Labor and Love* (Minneapolis: University of Minnesota Press, 2012).

[69] Dolores Hayden, *The Grand Domestic Revolution: A History of Feminist Designs for American Homes, Neighborhoods, and Cities* (Cambridge: The MIT Press, 1982).

[70] Margrit Eichler, ed., *Change of Plans: Towards a Non-Sexist Sustainable City* (Toronto: Garamond Press, 1995); Dolores Hayden, "What Would a Non-Sexist City Be Like? Speculations on Housing, Urban Design, and Human Work," *Signs: Journal of Women in Culture and Society*, 5, 3 (1980): S170–S187.

[71] Gerda Wekerle, "Canadian Women's Housing Cooperatives: Case Studies in Physical and Social Innovation," in *Life Spaces: Gender, Household, Employment*, eds. Caroline Andrew and Beth Moore Milroy (Vancouver: UBC Press, 1988).

[72] Helen Jarvis, "Home Truths about Care-less Competitiveness," *International Journal of Urban and Regional Research*, 31, 1 (2007): 207–214; Gerda R. Wekerle, "Domesticating the Neoliberal City: Invisible Genders and the Politics of Place," in *Women and the Politics of Place*, eds. Wendy Harcourt and Arturo Escobar (Sterling: Kumarian Press, 2005): 86–99.

[73] Clare Foran, "How to Design a City for Women," *Citylab*, September 16, 2013, https://www.citylab.com/transportation/2013/09/how-design-city-women/6739/.

[74] Foran, "How to Design a City for Women."

[75] Prabha Khosla, "Reclaiming Urban Planning," *Urbanet*, August 8, 2018, https://www.urbanet.info/women-land-rights-cities/.

[76] CBC News, "Should Ottawa Adopt Sweden's Gender-Balanced Snow-

Clearing Policies?," January 24, 2018, https://www.cbc.ca/news/canada/ottawa/sweden-snow-clearing-gender-ottawa-1.4500636; Curran, *Gender and Gentrification.*

［77］CBC News, "Should Ottawa Adopt Sweden's Gender-Balanced Snow-Clearing Policies?".

［78］Foran, "How to Design a City for Women."

［79］Veronica Zaragovia, "Will High-Heel Friendly Streets Keep Seoul's Women Happy?," *Time*, August 5, 2009, http://content.time.com/time/world/article/0,8599,1914471,00.html?xid=rss-world.

［80］Brenda Parker, *Masculinities and Markets: Raced and Gendered Urban Politics in Milwaukee* (Athens: University of Georgia Press, 2017).

［81］Parker, 119.

［82］Parker, 120.

［83］Julie Sze, *Noxious New York: The Racial Politics of Urban Health and Environmental Justice* (Cambridge: The MIT Press, 2007).

［84］Alexandra Parker and Margot Rubin, *Motherhood in Johannesburg: Mapping the Experiences and Moral Geographies of Women and their Children in the City* (Johannesburg: Gauteng City-Region Observatory, 2017).

［85］Parker, *Masculinities and Markets*, 125.

［86］Collins, *Black Feminist Thought; hooks, Feminist Theory.*

［87］Zenzele Isoke, *Urban Black Women and the Politics of Resistance (New York: Palgrave Macmillan*, 2013).

［88］Isoke, 78.

［89］Isoke, 78.

［90］Isoke, 80, original emphasis.

［91］Isoke, 2.

182

第二章 友谊之城

［92］Erin Wunker, *Notes from a Feminist Killjoy* (Toronto: Book*hug, 2016): 117 (emphasis mine).

［93］Wunker, 117.

［94］Lauren Berlant and Michael Warner, "Sex in Public," *Critical Inquiry*, 24, 2 (Winter 1988): 547–566.

［95］Wunker, 142.

［96］Wunker, 115.

［97］Roxane Gay, *Bad Feminist* (New York: HarperCollins, 2014): 47.

［98］Elena Ferrante, *My Brilliant Friend* (New York: Europa Editions, 2011), chap. 16, Kobo.

［99］Ferrante.

［100］Alison L. Bain, "White Western Teenage Girls and Urban Space: Challenging Hollywood's Representations," *Gender, Place and Culture*, 10, 3 (2003): 204.

［101］Bain, 206.

［102］Rachel Kaufman, "Architects Ask: Where Are the Spaces for Teen Girls?," *NextCity*, July 3, 2018, https://nextcity.org/daily/entry/architects-ask-where-are-the-spaces-for-teen-girls.

［103］Mary E. Thomas, "Girls, Consumption Space and the Contradictions of Hanging Out in the City," *Social & Cultural Geography*, 6, 4 (2005): 587–605.

［104］Plan International, *Unsafe in the City: The Everyday Experiences of Girls and Young Women* (Surrey: Plan International, 2018).

［105］*Girls Town* (1996) Dir. Jim McKay, USA.

［106］Bain, "White Western Teenage Girls."

[107] Gill Valentine, "Children Should Be Seen and Not Heard: The Production and Transgression of Adults' Public Space," *Urban Geography*, 17 (1996): 205–220.

[108] Bain, "White Western Teenage Girls," 206.

[109] Bain, 206.

[110] Bain, 209.

[111] Bain, 209.

[112] Darke, "The Man-Shaped City."

[113] Kayleen Schaefer, *Text Me When You Get Home: The Evolution and Triumph of Modern Female Friendship* (New York: Dutton/Penguin Random House, 2018), Introduction: Why Women Tell Each Other, Text Me When You Get Home, Kindle.

[114] Paul Bernardo 和 Karla Homolka 的犯罪被完备地记录下来。

[115] Schaefer, *Text Me When You Get Home.*

[116] Emily Yoshida, "Broad City: Meet The 21st Century Comedy Queens That Even Hillary Loves," *The Guardian*, February 15, 2016, https://www.theguardian.com/tv-and-radio/2016/feb/15/broad-city-funniest-comedy-on-tv.

[117] Brian Moylan, "Broad City: Season Three of the Comedy is One of the TV Highlights of the Year," *The Guardian*, February 16, 2016, https://www.theguardian.com/tv-and-radio/2016/feb/17/broad-city-season-three-tv-highlights-of-the-year.

[118] Wunker, *Notes.*

[119] Julie Podmore, "Lesbians in the Crowd: Gender, Sexuality and Visibility Along Montréal's Boul. St-Laurent," *Gender, Place & Culture*, 8, 4 (2001): 333–355.

[120] Julie Podmore, "Gone 'Underground' ? Lesbian Visibility and the

Consolidation of Queer Space in Montréal," *Social & Cultural Geography*, 7, 4 (2006): 595 (my emphasis).

[121] Tamar Rothenberg, "'And She Told Two Friends': Lesbians Creating Urban Social Space," in *Mapping Desire: Geographies of Sexualities*, eds. David J. Bell and Gill Valentine (New York: Routledge, 1995): 157.

[122] Gill Valentine, "Desperately Seeking Susan: A Geography of Lesbian Friendships," *Area*, 25, 2 (1993): 109–116.

[123] Lulu Wei, "Where Have All the Spaces for Queer Women in Toronto Gone?," *Xtra*, November 7, 2018, https://www.dailyxtra.com/where-have-all-the-spaces-for-queer-women-in-toronto-gone-127717.

[124] Erica Lenti, "Slack's Closes Just Before Toronto Pride," *Xtra*, June 27, 2013, https://www.dailyxtra.com/slacks-closes-just-before-toronto-pride-50243.

[125] Wei, "Where Have All the Spaces."

[126] Rebecca Traister, *All the Single Ladies: Unmarried Women and the Rise of an Independent Nation* (New York: Simon & Schuster, 2016): 97.

[127] Schaefer, *Text Me When You Get Home*.

[128] Jessica Williams, "Foreword," in *You Can't Touch My Hair: And Other Things I Still Have to Explain*, auth. Phoebe Robinson (New York: Plume/ Penguin Random House, 2016), Kindle.

[129] Schaefer, *Text Me When You Get Home*.

[130] Carolyn Whitzman, "What Do You Want to Do? Pave Parks? Urban Planning and the Prevention of Violence," in *Change of Plans: Towards a Non-Sexist Sustainable City*, ed. Margrit Eichler (Toronto: Garamond Press, 1995): 89–109.

[131] Deland Chan, "What Counts as 'Real' City Planning?," March 26,

184

2018, *Citylab*, https://www.citylab.com/equity/2018/03/what-counts-as-real-city-planning/556082/?utm_source=SFFB.

［132］Katrina Johnston-Zimmerman, "Urban Planning Has a Sexism Problem," *NextCity*, December 19, 2017, https://nextcity.org/features/view/urban-planning-sexism-problem.

［133］Traister, *All the Single Ladie*s, 73.

［134］Kern, *Sex and the Revitalized City*.

［135］Wunker, *Notes*, 139.

［136］Kim TallBear, "Yes, Your Pleasure! Yes, Self Love! And Don't Forget: Settler Sex is a Structure," *Critical Polyamorist*, April 22, 2018, http://www.criticalpolyamorist.com/homeblog/yes-your-pleasure-yes-self-love-and-dont-forget-settler-sex-is-a-structure.

［137］TallBear.

第三章　一个人之城

［138］Woolf, "Street Haunting."

［139］Baudelaire, *The Painter of Modern Life*.

［140］Dan Bacon, "How to Talk to a Woman Wearing Headphones," *The Modern Man*, n.d., accessed February 1, 2019, https://www.themodernman.com/dating/how-to-talk-to-a-woman-who-is-wearing-headphones.html.

［141］Martha Mills, "How to Actually Talk to a Woman Wearing Headphones," *The Guardian*, August 30, 2016, https://www.theguardian.com/science/brain-flapping/2016/aug/30/how-to-actually-talk-to-a-woman-wearing-headphones.

［142］Michelle Hamilton, "Running While Female," *Runner's World*, August

8, 2017, https://www.runnersworld.com/training/a18848270/running-while-female/.

［143］David Williams, "A Startling Number of Women Say They Have Been Harassed While Running," *CNN*, August 23, 2018, https://www.cnn.com/2018/08/23/us/women-runners-tibbetts-harassment-trnd/index.html.

［144］Blane Bachelor, "Road Biking While Female," *Outside*, May 23, 2018, https://www.outsideonline.com/2311221/metoo-issues-facing-women-cyclists.

［145］Jacobs, *Death and Life*.

［146］BBC News, "Starbucks: Philadelphia arrests of black men 'reprehensible'," *BBC News*, April 16, 2018, https://www.bbc.com/news/world-us-canada-43791159.

［147］"核查身份"相当于美国警务操作中的"拦停搜身"（stop and frisk）。在多伦多，拦停并"核查身份"被贴上了"社区参与调查报告"的标签，警察在大街上或从车子里拦停人们，要求他们出示身份证件，并收集种种信息（地址、朋友的姓名、家庭成员等）。事实证明，这种做法不成比例地针对黑人、原住民和其他明显是少数族裔的人群。

［148］Desmond Cole, "The Skin I'm In: I've Been Interrogated by Police More Than 50 Times—All Because I'm Black," *Toronto Life*, April 21, 2015, https://torontolife.com/city/life/skin-im-ive-interrogated-police-50-times-im-black/.

［149］Gabrielle Peters, "A Wheelchair User's Guide to Consent," *CBC News*, January 20, 2019, https://www.cbc.ca/news/canada/british-columbia/a-wheelchair-user-s-guide-to-consent-1.4982862.

［150］Peters.

［151］Clint Edwards, "Why Mothers Stay Up Late," *Scarymommy*, n.d., accessed February 1, 2019, http://www.scarymommy.com/mothers-stay-up-late/.

185

［152］Darke, "The Man-Shaped City," 89.

［153］Wunker, *Notes*, 9.

［154］Wilson, *The Sphinx in the City*.

［155］Émile Zola, *Au Bonheur des Dames* (The Ladies' Paradise), trans. Brian Nelson (Charpentier, 1995).

［156］Liz Bondi and Mona Domosh, "On the Contours of Public Space: A Tale of Three Women," *Antipode*, 30, 3 (1998): 270–289.

［157］Bondi and Domosh, 279.

［158］Bondi and Domosh, 280.

［159］Kern, *Sex and the Revitalized City*.

［160］Bondi and Domosh, 283.

［161］Bondi and Domosh, 284.

［162］Alan Latham, "Urbanity, Lifestyle and Making Sense of the New Urban Cultural Economy: Notes from Auckland, New Zealand," *Urban Studies*, 40, 9 (2003): 1699–1724; Steve Penfold, *The Donut: A Canadian History* (Toronto: University of Toronto Press, 2008).

［163］Leslie Kern, "From Toxic Wreck to Crunchy Chic: Environmental Gentrification Through the Body," *Environment and Planning D: Society and Space*, 33, 1 (2015): 67–83.

［164］Ray Oldenburg, *The Great Good Place* (New York: Marlowe and Company, 1989).

［165］Sonia Bookman, "Brands and Urban Life: Specialty Coffee, Consumers, and the Co-creation of Urban Café Sociality," *Space and Culture*, 17, 1 (2014): 85–99.

［166］Leslie Kern and Heather McLean, "Undecidability and the Urban: Feminist Pathways Through Urban Political Economy," *ACME: An*

International E-Journal for Critical Geographies, 16, 3 (2017): 405–426.

［167］Leslie Kern, "All Aboard? Women Working the Spaces of Gentrification in Toronto's Junction," *Gender, Place and Culture*, 20, 4 (2013): 510–527.

186

［168］Lezlie Lowe, *No Place to Go: How Public Toilets Fail Our Private Needs* (Toronto: Coach House Books, 2018).

［169］Lowe, 111.

［170］Sharmila Murthy, "In India, Dying to Go: Why Access to Toilets is a Women's Rights Issue," *WBUR: Cognoscenti*, June 25, 2014, https://www.wbur.org/cognoscenti/2014/06/25/human-rights-gang-rape-sharmila-l-murthy.

［171］Rocco Kayiatos, "Interview with Dean Spade," *Original Plumbing: Trans Male Culture*, The Bathroom Issue, 18 (2016): 23–27.

［172］Lowe, *No Place to Go*, 27.

［173］Ayona Datta, "Indian Women from the Outskirts of Delhi are Taking Selfies to Claim their Right to the City," *The Conversation*, February 1, 2019, https://theconversation.com/indian-women-from-the-outskirts-of-delhi-are-taking-selfies-to-claim-their-right-to-the-city-110376.

［174］Anita Sarkeesian 是 *the Feminist Frequency website* 的创办人，她对电子游戏中性别歧视的批评使她多年来一直受到死亡威胁。作家 Lindy West 在《尖锐的声音：一个大声疾呼的女性的笔记》[*Shrill: Notes from a Loud Woman* (New York: Hachette Books, 2016)］中记录了她遭遇网络暴力的经历。

第四章 抗议之城

［175］Dan La Botz, "Ontario's 'Days of Action' - A Citywide Political

Strike Offers a Potential Example for Madison," *LaborNotes*, March 9, 2011, http://www.labornotes.org/2011/03/ontarios-days-action-citywide-political-strike-offers-potential-example-madison.

［176］Audre Lorde, *Sister Outsider: Essays and Speeches* (New York: Crossing Press, 1984).

［177］Henri Lefebvre, *Writings on Cities*, trans. and eds. Eleonore Kofman and Elizabeth Lebas (Oxford: Blackwell Publishing, 1996).

［178］Gerda R. Wekerle, "Women's Rights to the City: Gendered Spaces of a Pluralistic Citizenship," in *Democracy, Citizenship, and the Global City*, ed. Engin Isin (London: Routledge, 2000): 203–217.

［179］Barbara Loevinger Rahder, "Women Plan Toronto: Incorporating Gender Issues in Urban Planning," *PN: Planners Network*, July 6, 1998, http://www.plannersnetwork.org/1998/07/women-plan-toronto-incorporating-gender-issues-in-urban-planning/.

［180］Ebru Ustundag and Gökbörü S. Tanyildiz, "Urban Public Spaces, Virtual Spaces, and Protest," in *Urbanization in a Global Context*, eds. Alison L. Bain and Linda Peake (Don Mills: Oxford University Press, 2017): 209–226.

［181］"Take Back the Night," Newfoundland & Labrador Sexual Assault Crisis and Prevention Centre, http://nlsacpc.com/Take-Back-the-Night.htm.

［182］Laura Lederer, ed. *Take Back the Night: Women and Pornography* (New York: William Morrow and Co., 1980). See Phil Hubbard and Rachela Colosi, "Taking Back the Night? Gender and the Contestation of Sexual Entertainment in England and Wales," *Urban Studies*, 52, 3 (2015): 589–605，关于英国政治的讨论。

［183］举例来说，"温哥华强奸救援"和女子收容所在 2007 年卷入了一场法律纠纷，他们决定不聘用一个跨性别女性来任职危机干预岗位，

187

因为她不是"天生的女性"。他们的决定得到了法庭的支持，但在 2019
年 3 月，温哥华市政府取消了对该组织的资助，直到它改变对跨性别
女性的歧视政策。

［184］"About Take Back the Night," Take Back the Night Toronto, https://
takebackthenighttoronto.com/about/.

［185］Jane Doe, *The Story of Jane Doe: A Book About Rape* (Toronto: Random
House Canada, 2004).

［186］Carol Muree Martin and Harsha Walia, *Red Women Rising: Indigenous
Women Survivors in Vancouver's Downtown Eastside* (Vancouver: Downtown
Eastside Women's Centre, 2019), 129.

［187］Rituparna Borah and Subhalakshmi Nandi, "Reclaiming the Feminist
Politics of 'SlutWalk'," *International Feminist Journal of Politics*, 14, 3 (2012):
415–421.

［188］Mervyn Horgan and Leslie Kern, "Urban Public Spaces: Streets,
Securitization, and Strangers," in *Urban Canada* Third Edition, ed. H.H.
Hiller (Toronto: Oxford University Press, 2014): 112–132.

［189］Durba Mitra, "Critical Perspectives on SlutWalks in India," *Feminist
Studies*, 38, 1 (2012): 257.

［190］Tom Phillips, "#Cuéntalo: Latin American Women Rally Around
Sexual Violence Hashtag," *The Guardian*, May 3, 2018, https://www.
theguardian.com/world/2018/may/03/cuentalo-latin-american-women-rally-
around-sexual-violence-hashtag; John Bartlett, "Chile's #MeToo Moment:
Students Protest Against Sexual Harassment," *The Guardian*, July 9, 2018,
https://www.theguardian.com/world/2018/jul/09/chile-metoo-sexual-
harassment-universities.

［191］Delilah Friedler, "Activist LaNada War Jack of the Bannock Nation

Details Her Time Occupying Alcatraz," *Teen Vogue*, March 21, 2019, https://
www.teenvogue.com/story/activist-lanada-war-jack-details-occupying-
alcatraz.

[192] 这是一种在各种各样的运动中都能见到的趋势。See Rachel Stein,
ed., *New Perspectives on Environmental Justice: Gender, Sexuality and Activism* (New
Brunswick: Rutgers University Press, 2004)，其中多次讨论了这种趋势在
环境正义组织中是如何逐渐发生的。

[193] Andrew Loewen, "The Gendered Labour of Social Movements:
Letter from the Editor," *Briarpatch Magazine*, June 30, 2015, https://
briarpatchmagazine.com/articles/view/the-gendered-labour-of-social-
movements.

[194] Chaone Mallory, "Ecofeminism and Forest Defense in Cascadia:
Gender, Theory and Radical Activism," *Capitalism Nature Socialism*, 17, 1
(2006): 32–49.

[195] Margaret E. Beare, Nathalie Des Rosiers, and Abigail C. Deshman,
Putting the State on Trial: The Policing of Protest during the G20 Summit
(Vancouver: UBC Press, 2015).

[196] Tom Malleson and David Wachsmuth, eds., *Whose Streets? The G20
and the Challenges of Summit Protest* (Toronto: Between the Lines, 2011).

[197] Eleanor Ainge Roy, "'I'm Pregnant, Not Incapacitated': PM Jacinda
Ardern on Baby Mania," *The Guardian*, January 26, 2018, https://www.
theguardian.com/world/2018/jan/26/jacinda-ardern-pregnant-new-zealand-
baby-mania.

[198] Saba Hamedy and Daniella Diaz, "Sen. Duckworth Makes History,
Casts Vote with Baby on Senate Floor," *CNN*, April 20, 2018, https://www.cnn.
com/2018/04/19/politics/tammy-duckworth-baby-senate-floor/index.html.

188

［199］Laura Stone, "Karina Gould Hopes Becoming Canada's First Federal Cabinet Minister to Give Birth While in Office Will Set Precedent," *The Globe and Mail*, January 7, 2018, https://www.theglobeandmail.com/news/politics/karina-gould-set-to-become-canadasfirst-cabinet-minister-to-give-birth-while-in-office/article37516244/.

［200］W.J. Adelman, *Pilsen and the West Side: A Tour Guide* (Chicago: Illinois Labor History Society, 1983); Lilia Fernández, *Brown in the Windy City: Mexicans and Puerto Ricans in Postwar Chicago* (Chicago: University of Chicago Press, 2012).

［201］Leslie Kern and Caroline Kovesi, "Environmental Justice Meets the Right to Stay Put: Mobilising Against Environmental Racism, Gentrification, and Xenophobia in Chicago's Little Village," *Local Environment*, 23, 9 (2018): 952–966.

［202］Rinaldo Walcott, "Black Lives Matter, Police and Pride: Toronto Activists Spark a Movement," *The Conversation*, June 28, 2017, http://theconversation.com/black-lives-matter-police-and-pride-toronto-activists-spark-a-movement-79089/.

［203］Walcott.

［204］Walcott.

第五章　恐惧之城

［205］Margaret T. Gordon and Stephanie Riger, *The Female Fear* (New York: Free Press, 1989); Elizabeth A. Stanko, *Everyday Violence: How Women and Men Experience Sexual and Physical Danger* (New York: Harper Collins, 1996); Jalna Hanmer and Mary Maynard, eds., *Women, Violence, and Social Control*

(Houndsmills: Macmillan Press, 1987).

［206］ Whitzman, "'What Do You Want to Do? Pave Parks?' ;" Elizabeth
A. Stanko, "The Case of Fearful Women: Gender, Personal Safety and Fear
of Crime," *Women and Criminal Justice*, 4, 1 (1993): 117–135.

［207］ Whitzman, 91.

［208］ Esther Madriz, *Nothing Bad Happens to Good Girls: Fear of Crime*　　189
in Women's Lives (Berkeley: University of California Press, 1997); Stanko,
"Women, Crime, and Fear."

［209］ Whitzman, "'What Do You Want to Do? Pave Parks?' ," 91.

［210］ Carol Brooks Gardner, *Passing By: Gender and Public Harassment*
(Berkeley: University of California Press, 1995).

［211］ Hille Koskela, "Gendered Exclusions: Women's Fear of Violence
and Changing Relations to Space," *Geografiska Annaler, Series* B, Human
Geography, 81, 2 (1999): 11.

［212］ Whitzman, "'What Do You Want to Do? Pave Parks?' ," 92.

［213］ Gill Valentine, "The Geography of Women's Fear," *Area* 21, 4 (1989): 171.

［214］ Madriz, *Nothing Bad Happens to Good Girls.*

［215］ Rachel Pain, "Gender, Race, Age, and Fear in the City," *Urban
Studies*, 38, 5–6 (2001): 899–913.

［216］ Madriz, *Nothing Bad Happens to Good Girls*; Stanko, *Everyday Violence.*

［217］ Kristen Gilchrist, "'Newsworthy' Victims?," *Feminist Media Studies*,
10, 4 (2010): 373–390; Yasmin Jiwani and Marylynn Young, "Missing and
Murdered Women: Reproducing Marginality in News Discourse," *Canadian
Journal of Communication*, 31 (2006): 895–917; Marian Meyers, *News Coverage
of Violence Against Women: Engendering Blame* (Newbury Park: Sage, 1997).

［218］ Talia Shadwell, "'Paying to Stay Safe' : Why Women Don't Walk as

Much as Men," *The Guardian*, October 11, 2017, https://www.theguardian.com/inequality/2017/oct/11/paying-to-stay-safe-why-women-dont-walk-as-much-as-men.

〔219〕Mike Raco, "Remaking Place and Securitising Space: Urban Regeneration and the Strategies, Tactics and Practices of Policing in the UK," *Urban Studies*, 40, 9 (2003): 1869–1887.

〔220〕Amy Fleming, "What Would a City that is Safe for Women Look Like?", *The Guardian*, December 13, 2018, https://www.theguardian.com/cities/2018/dec/13/what-would-a-city-that-is-safe-for-women-look-like.

〔221〕Plan International, *Unsafe in the City*.

〔222〕Barbara Loevinger Rahder, "Women Plan Toronto."

〔223〕Moore, "The 'Baked-In Biases'."

〔224〕Fleming, "What Would a City that is Safe for Women Look Like?".

〔225〕Gerda R. Wekerle and Safe City Committee of the City of Toronto, *A Working Guide for Planning and Designing Safer Urban Environments* (Toronto: Department of Planning and Development, 1992).

〔226〕Oscar Newman, *Defensible Space: Crime Prevention Through Environmental Design* (London: MacMillan Publishing, 1973).

〔227〕Hille Koskela and Rachel Pain, "Revisiting Fear and Place: Women's Fear of Attack and the Built Environment," *Geoforum*, 31, (2000): 269.

〔228〕Koskela and Pain, "Revisiting Fear and Place."

〔229〕Whitzman, "'What Do You Want to Do? Pave Parks?'."

〔230〕Koskela and Pain, "Revisiting Fear and Place," 269.

〔231〕Hill Koskela, "'Bold Walk and Breakings': Women's Spatial Confidence Versus Fear of Violence," *Gender, Place and Culture*, 4, 3 (1997): 301.

〔232〕Carolyn Whitzman, "Stuck at the Front Door: Gender, Fear of Crime

190

and the Challenge of Creating Safer Space," *Environment and Planning A*, 39, 11 (2007): 2715–2732.

［233］Hunt, "Representing Colonial Violence;" Leanne Betasamosake Simpson, *As We Have Always Done: Indigenous Freedom Through Radical Resistance* (Minneapolis: University of Minnesota Press, 2017); Smith, *Conquest*.

［234］Barbara Rahder and Heather McLean, "Other Ways of Knowing Your Place: Immigrant Women's Experience of Public Space in Toronto," *Canadian Journal of Urban Research*, 22, 1 (2013): 145–166.

［235］Alec Brownlow, "Keeping Up Appearances: Profiting from Patriarchy in the Nation's 'Safest City'," *Urban Studies*, 46, 8 (2009): 1680–1701.

［236］Curran, *Gender and Gentrification*.

［237］Robyn Doolittle, "Unfounded: Why Police Dismiss 1 in 5 Sexual Assault Claims as Baseless," *The Globe and Mail*, February 3, 2017, https://www.theglobeandmail.com/news/investigations/unfounded-sexual-assault-canada-main/article33891309/; Robyn Doolittle, "The Unfounded Effect," *The Globe and Mail*, December 8, 2017, https://www.theglobeandmail.com/news/investigations/unfounded-37272-sexual-assault-cases-being-reviewed-402-unfounded-cases-reopened-so-far/article37245525/.

［238］Mimi E. Kim, "From Carceral Feminism to Transformative Justice: Women-of-Color Feminism and Alternatives to Incarceration," *Journal of Ethnic & Cultural Diversity in Social Work*, 27, 3 (2018): 219–233.

［239］Beth E. Richie, *Arrested Justice: Black Women, Violence, and America's Prison Nation* (New York: New York University Press, 2012): 4.

［240］Kern, *Sex and the Revitalized City*.

可能性之城

[241] Brenda Parker, "Material Matters: Gender and the City," *Geography Compass*, 5/6 (2011): 433–447; Robyn Longhurst, "The Geography Closest In—The Body...The Politics of Pregnability," *Australian Geographical Studies*, 32, 2 (1994): 214–223.

[242] Traister, *All the Single Ladies*, 83.

[243] Judith Butler, *Gender Trouble: Feminism and the Subversion of Identity* (New York: Routledge, 1990).

[244] Bessel A. van der Kolk, *The Body Keeps the Score: Brain, Mind, and Body in the Healing of Trauma* (New York: Penguin Books, 2014).

[245] Don Mitchell, 'The SUV Model of Citizenship: Floating Bubbles, Buffer Zones, and the Rise of the "Purely Atomic" Individual,' *Political Geography*, 24, 1 (2005): 77–100.

[246] Samuel R. Delany, *Times Square Red, Times Square Blue* (New York: New York University Press, 1999).

[247] Brett Story, "In/different Cities: A Case for Contact at the Margins," *Social and Cultural Geography*, 14, 7 (2013): 752–761.

[248] Story, 758.

[249] Caitlin Cahill, "Negotiating Grit and Glamour: Young Women of Color and the Gentrification of the Lower East Side," *City & Society*, 19, 2 (2007): 202–231; David Wilson and Dennis Grammenos, "Gentrification, Discourse, and the Body: Chicago's Humboldt Park," *Environment and Planning D: Society and Space*, 23, 2 (2005): 295–312.

[250] Leslie Kern, "Connecting Embodiment, Emotion and Gentrification: An Exploration Through the Practice of Yoga in Toronto," *Emotion, Space and*

191

Society 5, 1 (2012): 27–35.

［251］Rebecca Solnit, "Death by Gentrification: The Killing That Shamed San Francisco," *The Guardian*, March 21, 2016, https://www.theguardian. com/us-news/2016/mar/21/death-by-gentrification-the-killing-that-shamed-san-francisco.

［252］Brenda Parker, "The Feminist Geographer as Killjoy: Excavating Gendered Urban Power Relations," *The Professional Geographer*, 69, 2 (2017): 321–328.

［253］Julie Tomiak, "Contesting the Settler City: Indigenous Self-Determination, New Urban Reserves, and the Neoliberalization of Colonialism," *Antipode*, 49, 4 (2017): 928–945.

［254］James Baldwin, *The Fire Next Time* (New York: Vintage Books, 1962).

［255］Kern and McLean, "Undecidability and the Urban."

［256］Red Wagon Collective, "MAG Art Exhibit at York University," September 11, 2015, accessed February 4, 2019, https://gatheringspace. wordpress.com/2015/09/11/mag-art-exhibit-at-york- university/.

［257］Fight for $15, "About Us," accessed February 4, 2019, https:// fightfor15.org/about-us/.

［258］Focus E15 Campaign, "About Us," accessed February 4, 2019, https://focuse15.org/about/.

索 引 ^①

---

① 页码为英文版的页码，即本书的边码。

mental illness 精神疾病，105–106

mental maps 心理地图，9，149–151

#MeToo movement # 我也是 运动，8，125–126

Metro Toronto Action Committee on Violence Against Women and Children 多伦多都会区暴力侵害女性和儿童行动委员会（METRAC，简称 METRAC），155–156

microaggressions 微歧视，94

middle class 中产阶级，3，38–39，102，104

migrants 移民。见 immigrants 移民

Mills, Martha 玛莎·米尔斯，89–90

Milwaukee, WI 威斯康星州的密尔沃基，50，51–52

minimum wage 最低工资，174–175

misogyny 厌女症，113。参见 patriarchy 父权制；sexism 性别歧视

Mississauga 米西索加，1，66

Mitra, Durba 杜尔瓦·米特拉，125

moms 母亲

　　alone time with children 和孩子的独处时间，97（参见 alone time 独处时间）

　　with babies 和婴儿，27–30

　　and child enrichment 和孩子的充实，41，42–43

　　commuting with children 和孩子一起通勤，35

　　and confident daughters 和自信的女儿，167

　　and education 和教育，41，42–43

　　and environmental issues 和环境问题，50

　　friendships between 之间的友谊，75–76

　　and gentrification 和士绅化，38，40，42–43